Growing Pains of Economic Development

新加坡发展的经验与教训

一 位 老 常 任 秘 书 的 回 顾 和 反 思

[新加坡]严崇涛 著

江苏人民出版社

图书在版编目(CIP)数据

新加坡发展的经验与教训/(新加坡)严崇涛著;--南京:江苏人民出版社,2014.9
ISBN 978-7-214-13949-8

Ⅰ.①新… Ⅱ.①严… Ⅲ.①社会发展-研究-新加坡 Ⅳ.①D733.9

中国版本图书馆 CIP 数据核字(2014)第 187023 号

书　　　名　新加坡发展的经验与教训

著　　　者　[新加坡]严崇涛
责 任 编 辑　刘　艳　卞清波
装 帧 设 计　刘葶葶
出 版 发 行　凤凰出版传媒股份有限公司
　　　　　　江苏人民出版社
出版社地址　南京市湖南路 1 号 A 楼,邮编:210009
出版社网址　http://www.jspph.com
　　　　　　http://jspph.taobao.com
经　　　销　凤凰出版传媒股份有限公司
照　　　排　江苏凤凰制版有限公司
印　　　刷　江苏凤凰扬州鑫华印刷有限公司
开　　　本　787 毫米×1000 毫米　1/16
印　　　张　13.5　插页 6
字　　　数　270 千字
版　　　次　2014 年 9 月第 1 版 2014 年 12 月第 2 次印刷
标 准 书 号　ISBN 978-7-214-13949-8
定　　　价　39.00 元

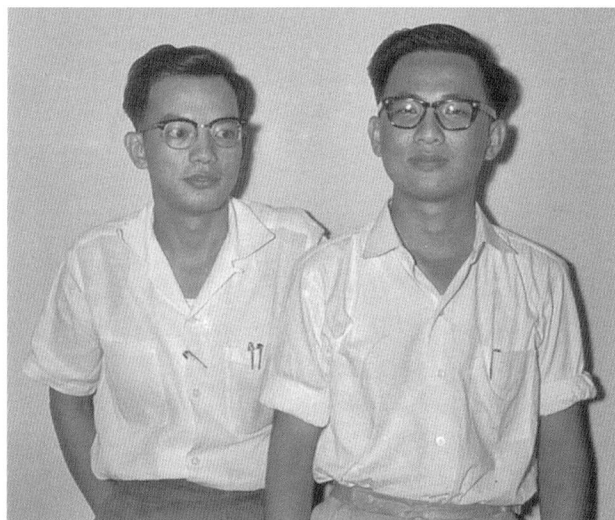

严崇涛先生（右）1959年毕业于马来亚大学（新加坡国立大学前身），获经济学一等荣誉学位。左边为其室友 Lee Wai Mun 先生。（新加坡报业控股提供）

1971年，严崇涛先生与时任海皇轮船首席执行官的吴作栋先生会面。（海皇轮船提供）

严崇涛先生与财政部长韩瑞生出席亚细安（东南亚国家联盟）会议。（新加坡报业控股提供）

1976年，严崇涛先生陪同李光耀总理首次访问中国。新加坡代表团及总理家属在无锡太湖边合影留念。从左到右依次为严崇涛、纳丹（现任总统）、艾哈迈德·马塔尔部长（Ahmad Mattar）、李玮玲女士、李光耀夫人、李光耀和财政部长韩瑞生。（新加坡报业控股提供）

严崇涛先生 1980 年在中国鉴署中新双方有关在北京和新加坡互设商务代表处的协议。（新加坡外交部提供）

1986 年，严崇涛先生（前排右二）陪同时任贸工部部长李显龙出访日本。代表团其他成员还包括曾出任经济发展局和新加坡科技研究局主席，现任标准、生产力与创新局主席的杨烈国先生（前排最右侧）。（严崇涛提供）

严崇涛先生与亚洲富豪、香格里
拉酒店集团创办人郭鹤年。（新
加坡报业控股提供）

严崇涛先生（最左侧）任星展银行董事会主席期间（1990—1998），与新加
坡其他主要银行代表合影。（新加坡报业控股提供）

作为中央公积金局董事会主席，严崇涛出席该局50周年成立庆典（1999）。庆典活动嘉宾为总理李显龙。（新加坡报业控股提供）

严崇涛先生正在给南洋理工大学公共管理硕士和管理经济硕士课程的中国学员上课。一旁担任翻译的是人文社会科学院副院长吴伟博士。（南洋理工大学提供）

序

最常任常任秘书眼里的新加坡经验

陈　抗

　　新加坡的公共行政机构是由英国人建立的,其体制特征是力求保持政务官和事务官之间的相对独立。在政党轮替的民主制度中,政务官会随选举结果的变化而经常换人,因此有必要通过事务官的相对稳定,保持行政管理的连续性。常任秘书就是提供这种稳定性和连续性的最高级公务员,主管政府各部的日常事务,是实际意义上的常务副部长,对政府政策的制定和执行起关键作用。

　　称严崇涛先生为新加坡最常任的常任秘书是最贴切不过的。在40年漫长的公共服务生涯中,严先生先后担任多个政府部门的常任秘书,包括财政部(1972—1979,1986—1999)、贸工部(1979—1986)、国家发展部(1987—1989)以及总理公署(1979—1994)。1972年他第一次担任常任秘书时只有35岁,是新加坡历史上最年轻的常任秘书。到1999年从财政部常任秘书职务上退下来时,严先生已经62岁,担任了27年常任秘书。

　　严崇涛先生的能力和才干深受李光耀、吴庆瑞等第一代领导人的肯定,每每被委以重任,曾出任经济发展局主席(1975—1981)、新科集团主席(1981—1991)、发展银行主席(1990—1998),中央公积金局主席(1998—2001)以及建屋发展局主席(1998—2003)。严先生担任经济发展局主席时正好遇上石油危机过后国际经济不景气、保护主义抬头的逆境,人们对于新加坡作为出口生产基地的前景感到悲观。然而,经过严先生及其经济发展局同事们的努力,新加坡争取到了足够的投资和就业机会,扭转了局势,告别了悲观情绪,从容度过了石油危机。为此,严先生在1978年获颁新加坡政府功勋服务奖章(Meritorious Service Medal)。1999年,为表彰严先生的终身服务成就,新加坡政府向他颁发了卓越服务勋章(Distinguished Service Order)。颁奖的文告是这样说的:"严先生的经济和财政政策建议往往融合了智慧和实用性,为新加坡的成功作出了不少贡献。"

1959 年,严先生加入新加坡公共服务部门,亲身经历、见证了新加坡近 50 年的发展过程,积累了丰富的管理经验。他对新加坡经济发展、公共管理经验教训的观点和看法,极具权威性。难能可贵的是,严先生从公共服务部门退休以来,对新加坡在过去 40 多年中实行的公共政策认真加以反思,并且打破新加坡公务员一贯的沉默,通过演讲和接受媒体采访,公开发表自己的意见。不但总结成功的经验,对历史教训和存在的问题也毫不讳言。2004 年起严先生担任新加坡南洋理工大学兼职教授,把他毕生的经验传授给南洋理工大学公共管理硕士班和管理经济硕士班的学员们。这本书就是根据他在南洋理工大学上课的讲义、新闻媒体的访谈以及部分演讲稿整理出来的。严先生要我为他的书作序,我觉得这是一份荣誉,同时也感到责任重大。

经过两代人的努力,新加坡在短短 40 年时间里获得奇迹般的成就,引起了世人的关注。取经者络绎不绝,都想学习新加坡的成功经验。新加坡的经验到底是什么? 这个城市国家的发展道路能不能在其他国家重现? 对于这些问题,可以说是仁者见仁,智者见智。从不同的角度,会有不同的解读。保守的政治家看到的是威权政治的成功治理,国有企业老总看到的是新加坡国有企业的成功和高效率,一些政府官员看到的却是高薪养廉。大家各取所需,都要拉上"新加坡经验"的大旗。对此,中国政法大学的蔡定剑教授 2005 年访问新加坡后在《中国青年报》上撰文,比较系统地分析了被误读的新加坡经验。阅读严先生的这本书,也可以从另一个角度来剖析新加坡经验的误区。

新加坡政府无疑是一个强势政府,第一代领导人强调政府的威慑作用,连小学生从小都要被灌输尊重权威的观念。但是,新加坡毕竟还是个实行普选制的法制社会。在选举制度下,政府的政绩每隔五年都要经过选民的一次验收。作为一个城市国家,"市长"当得好不好,不是"省长"或其他什么高层官员说了算,而是人民说了算。民意的监督通过民主政治起作用。还有,"市长"不敢混日子,不敢奢望在这里当不好可以调到别的市去当市长。

长期执政的观念避免了短期行为,使领导人成为与人民长期利益一致的涵盖利益主导者(Encompassing Interest)。然而,因为选举得票率成为衡量政绩的一个重要指标,政府行为难免要受影响,出台了一些讨好选民的政策。严先生在书中就谈到友人关于"猴子与花生"的诤言:"最开始的时候你给猴子花生,它们就会跟随你的节奏跳舞。现在,你给了它们太多的花生,猴子已经变成大猩猩了,你就不得不跟随它们的节奏跳舞。这就是你面临的最大的难题。"一个反对福利主义、敢于实施必要但不讨好政策的强势政府,在选民和选票的压力下渐渐地把身段放柔软,不再处处保持威严,而且还向选民示好,经常发放各种"红包",这已经不是保守政治家眼里的威权政府。

新加坡的政联公司(与政府关联的公司)应该算是管理得比较好的。可是,政联公司与国有企业并不是完全相同的概念。它们是按公司法成立的私人有限公司,有严格的破产机制,既没有沉重的社会负担,也没有政府赋予的多重目标和任务,完全按照市场经济中的私人企业运作方式经营。由于新加坡的国内市场窄小,这些公司不得不到国际市场上寻求发展,受国际市场的纪律约束,业绩好坏比较容易评估。不像一般的国有企业,可以躲在国内市场中舒舒服服地享受政府的保护,以企业的多重社会责任掩盖管理的无效率。严先生在书中提到与日本通产省(国际贸易和工业部)主管宫本(Miyamoto)先生的一席谈话。宫本先生说,日本通产省的策略是在赛马场上给每一匹马都下赌注,希望最终至少会出现一匹胜出的"黑马"。而新加坡的问题是:赛马场上根本就没有一匹马是属于新加坡的。在没有"新加坡马"的情况下,只能选择一个次优方案,就是进口"外国马"来帮新加坡跑赢这场比赛。这就是新加坡建国初期的窘境。这个港口城市当时拥有的主要是贸易公司,在制造业几乎是一片空白。新加坡政府先是引进跨国公司这些"外国马"参加"比赛",然后以严先生所说的"国家企业家精神"积极培养"新加坡马"。在这方面,前财政部长吴庆瑞博士的创新精神是独树一帜的。作为财政部长,他几乎同时又是一位风险投资家,敢于承担一般私人企业家所不敢承担的风险。政府当时向政联公司注资入股,目的是为了增强人们的信心,鼓励私人企业进军工业。但是,这些新成立的公司一般是由私人企业家来管理和运作的。吴博士培养的第一批"新加坡马"——最早的一批政联公司就是这样发展起来的。政联公司和政府关联的方式不尽相同。有的是公私合营的"杂交马",例如新加坡政府出资 10 亿新元与日本住友公司共建了新加坡石油化工公司(Petrochemical Corporation of Singapore)。有的则是"公马私骑":公司百分百由政府拥有,管理则完全交给专业经理人。新加坡航空公司就是这样的例子。还有一些是政府直接管理的,如国家钢铁公司、裕廊和三巴旺船厂,以及严先生曾担任主席的新科集团(前身是隶属国防部的胜利集团)。分管这些政联公司的政府官员都必须与商界领袖交朋友,学习如何做生意。而有的政府官员(例如林金山)本身就是成功的商人。新加坡的聪明做法是请跨国公司的主管当经济发展局的顾问,在进口"外国马"的同时向"外国骑师"学骑术。这里有一个十分明显的特点:新加坡早期的生存环境迫使政府官员学习如何依据市场规律在商场上拼搏,而不是反过来,运用权力,逼迫商人学习官场规矩。

随着政联公司数量的增长,财政部无法有效地对它们实行监督管理。于是,新加坡政府成立了淡马锡控股公司,以便改善公司治理,接替财政部"国家企业家"的职责。当然,随着经济的发展,创新越来越难。而且,像吴庆瑞那样的"国家企业家"奇才毕竟是可遇不可求的,国家企业家越来越不容易当。新加坡的政联公司也具有国有企业的一些通病,如严先生所分析的,公务员与企业家的思维方式还是不同的。政联公司的整体表现之所以不俗,与新加坡的特定环境和新加坡政府的有效管理是分不开的。

政联公司的有效治理和新加坡政府官员的廉洁奉公也是分不开的。那么,严先生对"高薪养廉"是怎么看的呢? 其实,在新加坡发展的初始阶段,新加坡政府是没有能力实行"高薪养廉"的。财政部预算署的人当时被称为"数豆子的吝啬鬼"。1959 年严先生刚开始工作的时候,他的月薪是 680 新元。韩瑞生是财政部的常任秘书,他的月薪有 1950 新元。当时的家庭平均收入是 400 新元左右,而严先生在私人企业工作的朋友则月入数千元。韩先生说过,他的退休金还不够他和太太吃两天米粥。可见公务员绝对不是高薪阶层。严先生服务的是从英国殖民统治下独立的第一届新加坡自治政府,他把自己视为建设新加坡团队的一分子。一些生意人曾邀请他加入他们的公司,但被他拒绝了。严先生说:"那个时候的人都有一种使命感,我们并不在乎薪水,只是想完成工作。我们目睹新加坡的成长,那是一种激动人心的情景。所以我们都没有算计个人得失。我想最开始的 20 年大概都是这样。"当然,当经济发展起来时,就必须调整政府官员和公务员的薪金,为他们提供高的生活水平,让他们安心工作。新加坡政府是在 1994 年才开始实行将部长和高级公务员的薪金与私人企业高级主管人员收入挂钩这一做法的。这样做主要是为了吸引人才到政府部门工作。

没有高薪,如何养廉呢? 严先生指出:"上梁不正下梁歪,反贪污必须从最高层做起。"李光耀在他的回忆录中也以"铁腕护廉洁"说明廉政建设的重要性。他集中力量对付"大鱼",实行"反贪没有例外"的铁腕政策,就连对与他共事多年的部长,也毫不留情。建国初期的新加坡与其他发展中国家没什么两样,贪污与腐败处处可见。可是,经过李光耀和人民行动党政府的努力,廉洁正直的气氛逐渐在政府部门内形成,成为反贪的一股威慑力量。新加坡小,但小有小的好处。信息容易掌握,谁的消费程度超过他的收入所能负担的范围、谁拥有与收入不相称的资产,都比较容易被发现。李光耀只要挑选 20 名志同道合、廉洁、能干的人加入他的执政团队,就能行之有效地在这个城市国家推行他的执政理念。

新加坡的成功经验,其实就是吴庆瑞博士和严崇涛先生都谈到的天时、地利、人和。天时是上世纪 60 年代的反殖民主义浪潮。外资在当时被看成是帝国主义经济侵略的手段,处处不受欢迎。新加坡在被排除出马来亚联邦后,国内市场太小,就业机会缺乏。为维持生计、解决就业问题,新加坡必须发展工业,只好以出口为导向,同时也主动吸引外资,借"马"比赛。新加坡的两大支柱行业——炼油业和电子业就是这样发展起来的。地利是指置之死地而后生的新加坡岛,在独立后立刻面临印尼排华的冲击、马来西亚的种族冲突等一系列危机事件。为了生存,以华人为主体的新加坡必须建立军队,保护国家安全。李光耀等领导人意识到,有恒产者才会有恒心。只有在新加坡有了不动产,军队和士兵才会为保卫自己的财产而战。于是,"居者有其屋"、公共住房、公积金、全面防卫等政策一脉相承、一气呵成。这个城市国家避免了多层政府间的互相扯皮,获得了上情下达、下情上达的信息优势,迫使企业在国际市场中竞争,也约束了寻租动机和依赖思想,小国寡民的缺点反而变成了优点。人和指的是一群廉洁正直、务实创新、思想解放、不受任何意识形态束缚的精英领袖。这些人在严先生的笔下一个个栩栩如生、喜怒形于色,挣脱了他们在媒体面前的古板形象。其中最为生动的是李光耀、吴庆瑞和韩瑞生。李光耀先生在政治上高瞻远瞩,知人善用,用人不疑,牢牢掌控了新加坡政局。吴庆瑞博士是经济发展的设计师,精明当家,勇敢开拓,紧紧把握岛国的经济命脉。韩瑞生先生睿智稳重,高效务实,保证政策的落实。严先生认为,这是一个必胜的组合。天时、地利与人和同时具备,上帝待新加坡真的不薄。

如今,新加坡的历史已经翻开了新的一页,必胜的组合中只有李光耀还留在内阁里面。新加坡的成功故事还会继续下去吗?对于这一点,严先生持谨慎乐观态度。但是,他认为四个问题亟待解决。

第一,政府官员必须克服自负有余而创新不足的缺点。多年来的成功和国际上不间断的表扬声使他们渐渐自大起来。不少人以为自己也是李光耀,摆出李先生的气派,却没有李先生的才能,只不过是执行政策的机器。按严崇涛的说法,是飞机上的"自动飞行器",盲目地执行既定政策而已。严先生认为,计划生育政策、土地定价政策、政府组屋建造计划、吸引跨国公司的政策以及强劲新元的汇率政策等,都没有及时地根据形势和环境的变化而加以检讨和修正。

第二,严先生认为,新加坡的政治还不够开放。在目前的政治生态中,个人不是完全跟从就是彻底远离。这样一个没有竞争的环境下产生的只能是温室里的花朵,经不住风吹雨打的考验。严先生以斯巴达和雅典的历史为诫,提出政治开放的呼吁。

第三,人才过度集中于政府部门,政府部门之外的其他领域却普遍缺乏有能力的领袖人物。这使新加坡成为一个不平衡的社会,拥有一个过于强势的政府和非常高效的管理层,但缺乏财富创造者。按照严先生对精英的分类,现在是政治、管理精英过多,专业、商业精英,社团、社会精英不足。这样的结构不利于经济的发展与公民社会的培育。

第四,严先生认为应该从种种福利政策中退出,逐渐减少免费午餐的提供。把"猴子"喂成"大猩猩",其后果是自尊的丧失和依赖心理的增强,而政府则必须随"大猩猩"起舞，在福利主义道路上越陷越深。

这本书还收录了严先生在南洋理工大学上课时与中国学员的问答对话，书的最后部分也有他对中国经济发展的关切与忠告。严先生对中国农业的规模经营、技术改造、石油安全、就业、收入不平等、人民币币值、可持续发展等问题，都提出了独到而中肯的见解。

我相信严崇涛先生的这本书一定会帮助读者从一个独特的视角了解新加坡的发展历史，洞察新加坡成功经验的真谛。

目 录
contents

第一编

第二编

第一编

第一章　大国与小国的优势和局限性

新加坡内阁资政李光耀于 2005 年 4 月 5 日在李光耀公共政策学院的开学典礼上发表了题为《中国和印度》的演讲。他谈了这两个亚洲大国的优势和局限性,并总结道:

"中国和印度将会震撼世界。两国总人口占世界的 40%,而且两国的经济增长也处于世界前列。中国年增长率为 8%～10%,而印度为 6%～7%。中国是世界的工厂,印度是世界外包服务中心。"

中国和印度是人口众多的大国,但两国巨大的潜力直到最近的二三十年里才被释放出来。1978 年,邓小平将中国向世界开放,他非常清楚当窗户打开后,有些苍蝇会进来。

另一方面,印度一直是世界上最大的民主国家。通晓英语造就了一批杰出的法学家和小说家,但直到最近,印度还落后于那些资源禀赋比它差的国家。

我冒着可能是完全错误的风险提出以下观点:印度的发展受到了那些第二次世界大战以后在伦敦经济学院受教育的杰出儿女的限制。这些人深受费边社会主义理论的影响,强调社会公平甚于生产和生产率。中国政府则专注于科学和技术的教育。

中印两国实行不同的教育体制,这可能是近年来两国经济表现迥异的原因所在。1976 年,我作为总理李光耀率领的新加坡代表团的一员首次访问中国,当时中国的总理是华国锋。

中国的历史档案保存完好。主人向我们展示了中国古代科举考试中殿试的试卷。试卷要求中国最好的学者按照具有实践意义的题目进行命题作文,比如治理水灾等等。

通过检验和激发这两种务实的心态,中国修建了世界上最长的人工内陆水道——京杭大运河,而中国的长城也可能是世界历史上最伟大的土木工程奇迹,尽管长城没能完全抵挡住北方游牧民族对中原的进攻。

蒙古族人和满族人在战争艺术和技术方面非常先进。相比之下,最优秀的汉族知识分子接受的是儒家死记硬背的教育方式,成为只会向皇帝无条件效忠的没有独立人格的臣民。他们从伟大的工程师变成了诗人和艺术家。中央政权逐渐变得软弱无能,而心怀不满的农民揭竿而起,推翻了之前的王朝,建立了自己的王朝,随之又腐败下去,又被新的农民起义所推翻。

在"文化大革命"期间,政治宣传和辩论成为当时的主要生活方式,教育处在停滞状态。

不过,幸运的是,中国教育重文轻理的传统被"向苏联学习"时期输入的理工模式所取代。

当指令性计划经济的枷锁被打破以后,最具务实思想的工程师们掌握了国有企业的管理权,并改变了国有企业。

与中国的情况相对照,印度的公务员是由受过经典政治学和哲学教育的人员组成的,他们接受的训练是对人民进行统治而不是管理。

印度建立了印度理工学院来平衡以前对政治和经济学科的过分偏重,但理工科教育的规模还是无法和中国相比。因此,中国和日本都在制造业硬件方面领先,而印度在服务外包方面出色,也就不足为奇了。

人民行动党于 1959 年 5 月在新加坡首次大选中获胜,赢取了议会全部 51 个议席中的 43 席,获得民众选票的 53.4%。上台后,李光耀政府面临的问题包括经济停滞、城市贫民窟、高失业率和市政高度腐败。公众要想从公务员那里取得出租车牌照、小商贩营业证、建筑许可及其他许可证,都必须用俗称的"咖啡钱"对有关公务员进行贿赂。当时的新加坡和其他第三世界国家没什么两样。

中国共产党在 1949 年取得政权。当时的中国是一个以传统农业为主的人口大国,中国共产党在意识形态上奉行社会主义思想,建立了苏联式的中央计划经济体制。

中国政府向世界宣布中国已经消灭了失业。新加坡一名银行职员所做的工作在中国则由四个人来完成。我上世纪80年代在一家中国的银行将美元旅行支票兑换成人民币外汇券的交易，就是由四个银行职员完成的。

邓小平在1978年提出了"对外开放"政策。他去除了共产主义思想中教条僵化的部分，通过"让一部分人先富起来"，将亿万民众的创业精神释放出来。他凭借非凡的政治勇气，打破了"铁饭碗"，开启了中国经济高速发展的历程。而在1959年，年轻的李光耀激励新加坡人民的口号是："没人欠新加坡人的生计。"（新加坡人要生存，只有靠自己。）

当民众忍受饥饿和失业的时候，民主改革与经济增长孰先孰后显然不用讨论。中国人民和我们新加坡人民都认为，获得体面的生活水准比其他任何东西都重要。

通过参与新加坡40多年的经济建设，我深信一个国家成功的首要条件是拥有一个良好的政府。这个政府要由有能力、诚实、公正无私的人才来领导。虽然我使用的政治标签可能不太贴切，但我仍要斗胆指出，新加坡的建国领导人是务实的社会主义者。我认为邓小平和他的政治伙伴们也是务实的社会主义者。

虽然中国是社会主义国家，新加坡是资本主义国家，但两国的经济指导思想基本上是类似的，都是烤蛋糕、填饱肚子（经济发展）优先。

在比较中国和新加坡的时候，我们要认清两国的不同。中国是有着悠久连续文明史的大陆大国，新加坡是很小的城市国家。新加坡于1965年8月9日建国，仅有40多年的历史。

当我1961年初到新加坡经济发展局工作时，我们的使命是利用各种方式为新加坡人民提供就业机会。当时200万劳动力当中有10%的人失业，并且每年还有2.5万～3万人从学校毕业，进入劳动力市场。

我们的首任财政部长吴庆瑞博士有一天告诉我，他每逢在下午1点钟或者6点钟放学时分从学校旁经过时，都感到很压抑。因为缺少教室，新加坡的学校按两班制运作，上午7:30到下午1:00，下午1:30到晚上6:00。直到现在，我们的小学还在按照两班制运作。当我问吴博士他为什么感到压抑时，他问我："我们怎样做才能为每年2.5万～3万学校毕业生提供就业？"

正是在吴博士的激励下，我和我在经济发展局的同事一直努力为新加坡人民创造就业机会。在1960—1970年新加坡经济发展的第一个十年当中，就业问题主要是由劳动密集型产业来解决的，包括服装、假发、晶体管收音机组装和船务。我们当时根本没有什么"高科技"、"低科技"之说，心里只有一个念头：无论何种产业，只要能为我们的毕业生提供就业，我们都欢迎。

如果说帮助10万新加坡人找到工作是一个艰巨的任务，那么我们那些在中国和印度负责劳动就业问题的同行们要面临多大压力？我在最近一份报告当中看到，中国每年进入劳动力市场的青年人多达300万，而印度的数字也差不多。

无论新加坡在当今全球竞争中面临的压力有多大，我们面临的经济问题总是有限的。1960年新加坡面临高于10%的高失业率，而到70年代中期，我们就已实现了经济学家所谓的充分就业，即失业率在3%以下。类似的成就还有我们的建屋发展局清理了贫民窟，在80年代中期使85%的新加坡居民拥有了自己的住房。实际上由于经济发展强劲导致公积金过多，建屋发展局建设的房屋出现了过剩现象。2005年空置的房屋有1万套左右，虽然这不会使国家财政破产，但也是浪费。

新加坡人应该牢记我们的成绩，但我们不应因此而自满甚至变得傲慢起来。1980年我陪同财政部长韩瑞生去北京签署与中国的贸易协定，在北京和新加坡分别建立贸易代表处，为1990年两国正式建交铺平道路。我们在人民大会堂拜访了邓小平。他首先称赞了新加坡高速增长的经济成就，当时新加坡的人均GDP（国内生产总值）为5000美元。邓先生说中国的人均GDP为400美元，他的目标是在2000年使人均GDP上升1000美元。然后邓先生在椅子上向前倾身，强调说中国的GDP总值是1000美元乘以12亿人口。如今，中国的人均GDP超过了1000美元，成为排名世界第三的经济大国。

如果中国经济能以年均8%的速度持续稳定增长，它将在40～50年的时间里实现充分就业。新加坡因为人口基数小，在20年里实现了充分就业。据报道，现在中国某些发达的工业城市已经出现了劳动力短缺现象。即使中国经济增长强劲，中国也需要用新加坡两倍的时间来实现为所有居民提供合适住房和现代化卫生条件的目标。

通过比较中国（大国）和新加坡（小国）的经济发展，我们不难发现，启动小国的经济发展要比启动大国的经济发展容易。由于规模小而且社会集中，与中国和印度这样的大国相比，新加坡能够更快调动各种资源，协调各种政策。这一点在我1996年应中国财政部邀请，陪同财政部长胡赐道博士访问中国的时候就明显地感受到了。访问北京后，我们由中国的财政部副部长陪同参观中国的几个主要城市。当新加坡客人歇息的时候，中方主人还要拜访当地省份和城市的主要党政领导。当我问这位副部长他是否只是对当地官员进行礼节性拜访的时候，他说那样做是要劝地方官员让中央政府分享地方财政收入。他笑着说，新加坡财政部门官员的日子比较好过，只要税法一通过，财政部门就可以收取税收了，而中国的情况就复杂得多。

虽然我们新加坡的经济启动快，但我要说我们新加坡只是善于短跑，而中国跑的是马拉松。作为一个国家，中国拥有更多的人口和人才。我的一个中国教授朋友告诉我，就算中国人不比其他民族聪明，只要假设一亿分之一的人是天才，那么拥有12亿人口的中国每年也应该产生12个诺贝尔奖获得者！这里当然要假设他们可以受到良好的培养和教育，来发挥他们的潜力。

中国和印度一样，都尊重教育。我认为在未来会有更多的中国人和印度人获得诺贝尔科学和经济学的奖项。新加坡能出一个诺贝尔奖获得者吗？人口只有400万，这种几率很低。当然，如果新加坡在科学工程和艺术方面集中力量进行教育培养，也不是完全没有机会。

在拥有了巨大的人口和人才储备后，中国和印度有成为世界经济大国的潜力。我相信这两个国家都会跑过终点线。当然两国面临的经济和政治挑战也是巨大的，如提供就业机会、提高识字率和延长人口寿命等。在基础设施和交通建设方面需要上万亿元的巨额投资。

要成为世界舞台上的主角，必须承担相应的责任。美国和日本会利用台湾问题来对付中国。由英国人分开的印度和巴基斯坦两国因为信奉宗教信仰冲突而摩擦不断。中国和印度这两个亚洲大国要经过几代人的努力才能由第三世界国家发展成为第一世界国家。

新加坡用了一代人的时间，由第三世界国家发展成为第一世界国家。我们是怎样取得这个成就的？新加坡在1960年从英国殖民管理当局手中继承了一个破败的城市和一个停滞的转口贸易经济。

虽然英国在第二次世界大战当中打败了德国和日本,但是战争给英国人造成了心理创伤。英国领导人决定从苏伊士运河以东撤退。英军在 1968 年完成了从新加坡的撤退,致使 2.5 万新加坡人失业。幸好英国留给新加坡的军事基地完好无损,这些海军和空军基地被迅速转为民用,改建成三巴旺和吉宝两个船坞,开展民用船只修理业务。

和 60 年代其他发展中国家一样,新加坡试图通过实行联合国经济专家鼓吹的进口替代政策实现工业化,对所有进口消费品征收关税,以保护国内幼稚产业的成长。

因为新加坡国内市场小,我们通过政治合并的方式谋求与马来西亚形成共同市场。因为不可调和的分歧,新加坡最终退出马来西亚,致使共同市场的愿望破灭。

在 1965 年 8 月 9 日独立那天,新加坡取消了所有的进口关税。外部环境的转变使我们很快认识到,必须正视全球性竞争。新加坡甚至在"环球化经济"这个概念被世界贸易组织提出之前就已成为一个环球化经济体。

幸运的是,我们新加坡在当时世界性幼稚产业保护浪潮中是一个例外。跨国公司愿意到新加坡投资,因为新加坡奉行自由开放的经济政策,没有外汇管制和产业保护。在 40 年前,中国和印度拒绝外资参与国内经济。今天,中国欢迎外国制造业到中国投资,一年就能吸收 500 亿美元的外商直接投资,而印度只有 50 亿美元。

随着世界贸易组织(WTO)的成立,我们所有人都面临着基于自由开放的全球性经济竞争。所有国家都必须实行良好的治理,否则就要冒着被国际投资和商业界忽略的风险。如同今天的中国,在 60 年代早期,新加坡是少数几个实行正确经济政策的国家,外国资本大量涌入,使新加坡获得了 8% 的持续高速增长。

当今世界,几乎每个国家都在追求良好的经济和治理政策。在这种情况下,新加坡应该采取何种措施,才能使自己继续保持世界领先水平呢?

我们是否还能持续领先?

与中国学员对话录

问：中国是世界的工厂。新加坡吸引外资的经历，有哪些是值得中国学习的？

答：中国较新加坡占优势的地方是，新加坡发展初期只有劳工，但中国的劳工具规模且素质高。人们到新加坡来进行生产，然后把货品出口到世界各地。但中国市场大，不像新加坡般无助。中国不需要听从建议减少税收等等。不过，中国必须开发自己的品牌。美国人就非常擅长营销和创造品牌。印度则采纳极端的策略，不让麦当劳和可口可乐登陆，这种措施是没必要的。但中国不能让美国的品牌垄断市场。新加坡太小了，不能这么做。我很高兴看到中国收购了国际商用机器（IBM）[①]，后者拥有很多知识资本。让我举个生活中的例子：我很难买到合身的衬衫，但我却在深圳找到了。这证明中国人做了不少市场研究，拥有大量的知识资本。我去成都时，导游从字典中学习英文。我们也拿到了设计合理的调查表格，询问我们在食物、观光和购买礼物等方面的花费比例（以百分比计算）。这是一份极富智慧的营销文件，目的是确定该市最受旅客欢迎的景点。中国每个城市都在进行类似的调查，确认其比较优势。知识程度高、工资低的中国必定具竞争力。

问：无论是媒体报道还是各国言论，都认为中国经济发展非常迅速。严先生，您认为中国经济发展迅猛的主因是什么？

答：真正的原因是邓小平。我在上世纪七八十年代数次访问中国，碰到过一些非常资深的干部。一天，我和陪同者谈话，他说香港的成就有目共睹。我告诉他，如果中国内地竭尽所能，能够拥有100个香港，而不只是一个香港。邓先生数年后也给出了答案。他是个伟人，强调必须实事求是，并说只要打开窗户，苍蝇就会飞进来。

邓先生的言辞让我想起与一位中国干部的讨论。多年前，中国向新加坡公司订购了两台钻井平台，并派六名工程师和一名干部到新加坡来考察业务。我们带领他们四处参观，我当时任职于经济发展局。新加坡那时候

[①] 2004年底，中国个人电脑龙头联想集团的母公司联想控股以17.5亿美元收购国际商用机器的个人电脑业务。

建国没多久，而我们大言不惭地自夸新加坡为自由港，什么东西都可进口。这名中国的长辈就反问年轻的新加坡官员："什么都可进口，连苍蝇也可以吗？"

在资本主义世界，无论好坏，我们都得接受。不过，我相信中华文化根深蒂固，能抵制不良的影响。当然这当中需要不少管理的成分。正如我告诉友人的，中国不只是个劳工成本低的国家，也是个知识之都。让中国人发挥才华的最重要因素就是为每个人提供平等的教育机会。

在新加坡，无论你的家境多困苦，只要你有能力，你就能上大学。我对新加坡仍保持乐观，原因在于：虽然我们只有400多万人口，其中75%以上是华人，我认为在新加坡的华人和印度人与其他的华人和印度人同属一个更大的民族。换言之，从基因的角度出发，我们不是400多万人，而是数十亿人的一部分。新加坡地小人寡，同他人竞争时必须加倍努力。只要中国政治稳定，中国就能成为世界经济增长的引擎。中国必须解决内部矛盾，例如沿海发达省份和内陆落后地区的差距。

其次，我也真心希望美国高抬贵手，不打扰中国。美国似乎在实行围堵中国的政策。过去几个月，日本也明显地表示站在美国那边，而美国也已经同越南、印度和印尼等签署了和平协议。俄罗斯曾尝试在战场上同美国一决高低，结果搞得国内经济崩溃。我觉得，中国同美国竞争的最好方法是向邻国投资。如果中国能为这些国家的人民创造就业机会，我想他们决不会敌视中国。中国与美国的竞争必须是在经济领域的，唯一的例外是台湾地区。中国已经明确指出：如果台湾地区宣布独立，中国就不得不采取武力。我相信世界上多数国家会赞同中国的立场。那中国要怎样做才能确保台湾不会独立呢？这恐怕得交由中国领导们去斟酌了。

中国可以成为世界经济成长的引擎，甚至是全世界的中心，但这种观念与中国古代皇帝的想法不同。历史上的中国自我封闭，否则中国的发展应无止尽。我刚阅读了郑和下西洋的故事，经过七次出航后，他奉命待在中国，而他所有的船只也被销毁了。通过对外开放和自由贸易，我想中国能完成郑和未竟的事业。

第二章 就业和住房政策

■ 自治政府

1959 年 5 月,人民行动党在新加坡第一次大选中大获全胜。同年 6 月 3 日,新加坡第一任政府首脑威廉·顾德爵士宣布新宪法生效,从而确定了新加坡的自治地位。6 月 5 日,第一届新加坡自治政府内阁宣誓就职,李光耀成为新加坡第一任总理。

除了内部安全和国防之外,新加坡自治政府享有制定各领域政策的自主权,而英国则负责防卫和保护新加坡和马来亚的领土完整。1963 年印度尼西亚与我们对抗时,英国确实履行了这一责任。

现在我们知道,人民行动党当年大选获胜的表象掩盖了深层的党内权力斗争。人民行动党分裂成两派,一边是受西方英文教育的民主社会主义者阵营,他们掌控了行政系统;另一边是受中文教育的共产党左派人士,他们控制了行动党基层组织。

■ 居高不下的失业率和贫民窟

政府行政机构抓紧时间,全力处理两个问题,即高失业率和贫民窟。政府于 1961 年成立了经济发展局(EDB)和建屋发展局(HDB),致力于创造就业机会和建造民宅。这两个机构的成就有目共睹。

20 世纪到 70 年代中期,即我们建国 10 年后,新加坡实现了全民就业。统计显示,这个城市国家的失业率从 10％降至 4％。换句话说,任何想工作的人都能够找到工作,这使得跳槽现象大量涌现,增大了政府管理难度。因此,我们成立了国家工资理事会,由林崇椰教授担任主席,确保工资有序增长。

与马来西亚合并：1963—1965

新加坡如同当时其他发展中国家一样,实施进口替代政策。政治上,新加坡与马来亚、沙巴和沙劳越合并成为马来西亚联邦。我们曾经希望建立一个马来西亚共同市场,为我们的制造业提供规模经济的好处。然而,这一愿望从未实现。

原因在于缺少政治意愿。马来亚当时由东姑阿布都拉曼(阿卜杜勒·拉赫曼)领导。他允许新加坡与他的国家合并,希望藉此遏止新加坡因贫穷和高失业率带来的威胁。由李光耀领导的新加坡认为,合并能够建立一个马来西亚人的马来西亚,一个多元种族的国家。马来亚政权意识到,人民行动党倡导的"一个马来西亚人的马来西亚"会威胁马来人领袖赖以生存的"马来人至上"的信条。

李光耀的务实领导

邓小平先生的伟大之处在于号召人们在"文革"动乱之后,坚持实事求是。新加坡的幸运之处在于李光耀及其同僚凭借其务实的领导,要求新加坡公务员卷起衣袖苦干,为人民创造工作机会,建造房屋。

独立：1965 年 8 月 9 日

在政治史上,新加坡恐怕是全球唯一一个原本寄望于与一个大邻居合并求生存却被赶出来走向独立的国家。可以说,新加坡的独立不是自愿的,而是一种偶然,充满着痛苦和恐吓。新加坡的独立是偶然的,但更是天赐良机。在经历了两年马来西亚的统治之后,我们又重获自由。

在工业发展方面,我们适时调整政策,从以进口替代为目标的内向型产业转为以出口为导向的外向型产业。突然间,我们必须学会如何在环球竞争的海洋中游泳,而把马来西亚这个小池塘丢在身后。

■ 出口导向型的工业化

出口导向型的工业化并不容易。尽管我们没有刻意去规划,新加坡可以说是世界上第一批在现今被表述为知识型经济的国际市场中竞争的国家之一。从某种意义上说,我们十分幸运,因为当时其他发展中国家都坚守最终失败了的进口替代政策。这些国家甚至不欢迎外国投资。我们反其道而行之,从跨国公司带来的投资和市场中受益。

跨国公司为我们提供了通往全民就业的坦途,但正如俗话说的,不论玫瑰多么娇美,花蕾总有虫子。目前,所有国家都拥抱全球竞争,开放市场,欢迎外国投资,新加坡再也没有什么特别了,反倒显得很脆弱。我们以前过多地依赖于跨国公司,未能培养出自己的人才,建设可以在国际市场上竞争的本国企业和品牌。我们将来可以办到吗?

■ 低成本的住房

上世纪 50 年代末期,新加坡的经济停滞,主要依赖转口贸易和英国军事基地;基础设施支离破碎,贫民窟点缀风景线。当时的首要任务是通过经济发展局创造就业,但政府也同时通过建屋发展局建设大量低成本住房。具备现代卫生设施、水电齐全的公共住房单位与日俱增。在选民眼中,住房是实实在在的进步。更重要的是,他们都买得起。人们只需花费不到 20% 的家庭月入就可以租房或贷款供房。

咬了好几口樱桃

最初,家庭收入低下时,我们建造 1 房、2 房、最多 3 房的组屋。随着经济繁荣和人均收入的提高(从 1965 年的人均 512 美元升至 2001 年的 20816 美元)①,建屋发展局开始建造 4 房、5 房甚至公寓式组屋。在 20 世纪 80 年代后期和 90 年代中期那些充满乐观情绪的日子里,政府向组屋屋主提供第二次甚至第三次补贴抵押贷款,鼓励他们到更大的组屋居住。这导致了住房过度消费,并诱发了房屋投机。由于给人们多过一次的贷款,让他们多咬了几口樱桃,贪婪取代了需要。

良性的三角关系

毋庸置疑,建屋发展局的低成本住房计划是人民行动党政府获得大选成功的两个支柱之一,另一个支柱就是用就业带来的储蓄,通过中央公积金偿还房屋贷款。这是就业、储蓄和住房的良性三角关系。

高成本的结构

成功再创成功,我们做得有点过分了。目前 33% 的公积金缴交率使得工作成本增加,大大高过中国、印度和我们东盟的邻居。重新调整高成本的结构使之达致有竞争力的水平,是人民行动党政府再次面对的挑战。这一次,刚好遇上了领导层的交接。

上天委任的统治权

如果政府犹豫不决,它将失去"上天委任的统治权"。就业和住房向来

---

① 新加坡统计局,《按当年价格计算人均国民生产总值历史数据》(见该局官方网站 www. singstat. gov. sg)。

都是民主政府的支柱,人民行动党也不例外。那么,成功的秘诀是什么呢?教育和增长是我们的生存之路。

与中国学员对话录

问:就业问题的背后是城市化的课题,经济发展如何才能保持平等呢?

答:首先,烤蛋糕要从最有可能取得增长的城市开始。经济发展是做大蛋糕,使大家都受益,我们不应该在刚开始发展时就过度担心贫富差距的问题。除非政府能因经济成长而制造预算盈余,否则我们怎么能帮助穷人?只有取得发展,我们才可以照顾穷人。印度人相信平均分享产业,那就得共同承担贫穷。哪一个中国省份取得更好的发展,这并不重要,因为一个省份可协助另一个。建屋局子公司盛邦新业集团目前正在中国建筑豪华住宅,并把对象锁定在中产阶级家庭。这是因为,当中国每年取得8%的增长时,再加上人们在财富拥有上有差距,至少会出现600万户中产阶级家庭。这些家庭首先需要一部车子,然后是房子。当然,在这一过程中,一些群众可能会承受更大的苦楚。

问:您刚才说新加坡在独立的时候继续保有国防和内政的权利,那新加坡的外交呢?新加坡经济对外的依赖性比较强,它独立前后的经济发展主要依赖转口贸易,人民行动党在独立以后宣布了两个五年计划和一个十年计划。我的第二个问题是,这些计划的目的是否是吸引外资,发展新加坡的制造业,从而解决失业问题?目前,新加坡经济的发展似乎还是非常依赖外国经济,比如李显龙就说过,如果美国经济下跌,新加坡经济也会下跌。我想请教严教授,目前新加坡的经济发展是否还是非常依赖国外?

答:第三个问题最难回答,我最后才会回答。我们于1959年自治时,外交政策仍由英国人管理,但他们允许新加坡出席国际会议。我们最初是以英国殖民地的身份出席这些活动。不过,他们很快就资助我们申请加入联合国。我认为,在欧洲,英国人是最开明的统治者。他们不像法国人只是在越南人强迫下才离开越南。英军在1968年撤离新加坡时,将空军基地等设施完好无损地留给我们使用。没有人喜欢成为殖民地,但如果你必须这么做,被英国统治是比较理想的。

奇怪的是,我们在1965年独立时,美国和欧洲各国都赞同,反而是发展中国家不同意。为此,李光耀先生必须派遣最优秀的使节拜访发展中国家组成的"不结盟运动"成员国,争取它们的认同,以便加入联合国。为了建立我们自己的军队,我们希望印度训练我们的武装部队,但他们拒绝了。最终是以色列派遣军官到新加坡来训练我们的部队。

新加坡的第一个五年计划早在1960年就已制定,可说是一个周末就完成的。我们之所以制定这个计划,不是我们相信规划,而是世界银行提出的条件:只有我们制定计划,才会贷款给我们。当然新加坡并不反对规划,但我们更相信思考只应占10%,而行动则要占90%。因此,制定经济政策时,我们要首先检讨自己的情况,然后才定下目标。必须澄清的是,新加坡只有一个五年计划。撰写第二个五年计划时,英军正从新加坡撤退,计划也就被扔进了垃圾桶。失业问题的确是新加坡政府主要关注的课题,也是许多其他政府面临的一大挑战。

我在演讲中说过,我们起先主张进口替代,抵制进口产品并从事自己的生产。然而,1965年我们脱离马来西亚时,我们别无选择,只好面对世界。我们自问:外国投资者要从我们身上取得什么?我们没有多少的劳工和资本,他们要的是熟谙英语的劳工队伍以及稳定的政治环境。人们只有在一定时间内收回成本的前提下才会进行投资。经验告诉我们,一旦政府给了承诺就必须遵从,不能随意改变。例如,我们必须兑现为外国人提供税务优惠的承诺。许多发展中国家会在情况改变时毁掉之前的协议书,这是吸引投资最糟的方法,外国投资者要的是政治稳定和政策的连贯性。

在某种程度上讲,新加坡今天的处境更为艰难。在吸引外资方面,我们必须和像你们的国家一样的国家竞争。最大的挑战是你们拥有更多的知识资本。需要进行大规模生产的工业(如汽车工业)不会到这里来。要生存,新加坡必须发挥所长。我们怎么做呢?我们提升人民的技能和科技水平。过程艰巨,但我们别无选择。只要新加坡有能力和竞争力,我相信我们能够维持生计。我认为各国的企业不会把所有鸡蛋都放入一个篮子里,所有的大公司在不久的将来可能都会到中国和印度投资,但像新加坡这样小的地方也有其优势。

事实上,中国公司也应该到中国以外的地方投资。为什么呢?美国人和欧洲人目前投诉你们把太多的产品(如服装等)出口到他们的市场。如果中国公司在其他诸如印尼或南美洲国家生产,其产品品牌就属这些国家。例如,新加坡是日本和中国香港等地的制造基地,这是因为我们出口到美国的限额较高。在竞争剧烈的世界里有两个因素最为关键,即控制市场和科技。有了它们,你就可以无往不利。至于中国的钢铁业,与其进口煤炭等,不如在澳洲、南美洲和印度等地设厂生产。要控制知识就必须有知识,不少中国企业已经纷纷离开中国,在生产力最高的地方生产。然而,中国必须发展其科技,能够成为中国的经济伙伴是件让人兴奋的事。

1976年,我陪同李光耀先生访华时,中国还奉行着社会主义计划经济。我们所参观的一家上海造船公司的领导告诉我们,船的每一部分都在中国制造,他们因此感到非常自豪。我们心想,如果瑞士能制造更优良的船舶引擎,为什么不从这个欧洲国家购买,然后再装在船上呢?也就是说,中国有向其他国家购买组件的选择。

我们也访问了北京大学,一些教授正在研制中国的第一台计算机,体积和一间小房间一般大小。由于西方国家不肯让中国拥有尖端科技,中国自行研制计算机是合理的。由于被迫从零开始,中国今天的超级计算机技术还不能与日本抗衡。今天的中国已脱胎换骨,你们已经做好购买科技的准备。中国是全球主要竞争者之一,但美国和欧洲对此会有异议。一个解决办法是中国不生产所有的东西,而是应用另一个国家的科技,并在当地生产。长久以来,日本自己生产所有物品,他们非常封闭、固步自封。30年前,让索尼聘用美国总管是件不可思议的事。更深一层看日本人,会发现其实他们的思想很开放。我曾参观长崎的三菱造船厂,该厂原由荷兰人设计。今天的中国,思想也应该更开放,例如从外国引进企业高级管理人员。我想,只有解放思想,对外开放,并接受有用的知识和人才,中国才能真正成为世界的中心。

问：这是有关新加坡人才培养的问题。我们都知道新加坡致力于吸引外来人才并留住优秀的新加坡人才。不少发展中国家现在面临一个尴尬的局面，那就是自己培养的人才外流，包括中国也面对公派到外国去的人不愿回来的情况。听说新加坡有这么一项措施，就是新加坡公派留学的人如果不回国，家人会受牵连，这些留学生永远不能回国，如果回国来必须面对制裁。我想问严教授是否有这样的政策。另外，请问严教授对于中国吸引人才方面有什么见解？

答：领取政府奖学金出国深造的人的确得在完成学业后为新加坡政府服务①。依我看，这不是执法的问题，一个国家是否具有吸引力才是关键。以新加坡而言，我们必须问新加坡怎么才能对出国留学者具吸引力。如果你是个稳定的国家，提供良好的就业和开拓事业的机会和优质生活，应该就不成问题了。目前，人才不再局限于一个国家，无论这个国家是中国、印度还是新加坡。如果你是个人才，你就是个环球人才。

让我告诉你一个小故事：当我访问台湾地区的时候，"前经济和财政部长"李国鼎当时主管科技事务。他有两个儿子，我问他，他们在哪里工作，他说两人都是美国公民。台湾不是个国家，李国鼎有两个选择：让聪颖年轻的儿子离开台湾，从此不再回去，或让他们回到台湾。这当中牵涉到情绪问题，回归的人所获得的薪金可能比留下来的更高。关键是那个人是不是真正的人才，以及他是否是个环球人才。如果你不以合理的薪金雇用他，你还不是得聘请一个美国人、欧洲人或日本人，那当中有分别吗？中国或其他国家要具国际竞争力就必须接受环球人才。我相信每个华人都有华人属性，大家都心系中国。

新加坡经济发展局过去经常接待从美国来的华裔科学家。有一年我们接待了一名华裔诺贝尔奖得主，不是杨振宁，我记不清他的名字了。他的父母来自中国大陆，但他在台湾地区长大。我问他获得诺贝尔奖后是否有很

---

① 译者按：1998 年，经济发展局和国家电脑局公布 3 名毁约的奖学金得主的名字（他们都是还没为有关机构服务就决定毁约的），结果掀起轩然大波，支持和反对该做法者各执一词（参见 http://www.zaobao.com/special/talent/scholarship.html）。

多好机会等着他，他说是的，并已受邀出任瑞士欧洲核子研究中心（CERN）的所长。我继而问他待遇如何，他的答案出乎我意料。他说它们不给他分文，他提出的唯一条件是每年让他挑选五名华裔科学家到中心工作。为什么呢？因为他是个华人，而他相信"大中华"的概念。我相信中国会培养出更多诺贝尔奖得主，而当中一些人也会这么做。

第三章　土地和基础设施

新加坡：一个小不点

　　新加坡在世界地图上只不过是一个小点,土地面积仅有 600 多平方公里,还不如中国一个县的一半规模。就凭这一丁点儿的土地,要提供 400 万人口的工作、玩乐和生活的空间,如何办到呢?

　　大陆型国家如中国、印度、美国和澳大利亚,有着广袤的土地和辽阔的空间,但并非全部土地都可开垦和居住。大陆型国家的不少土地都是沙漠、沙丘,毫无用处。当然,幸运的话,这些滚烫的沙粒下面可能蕴藏着石油,但也需要汗水和投资将这些黑金从地下开采出来。

　　若不是新加坡人民努力建设基础设施,可以说,新加坡至今可能还只是一个未经开垦的热带森林。道路、地铁系统、电站、水库、污水处理厂、垃圾焚化厂、学校、医院、公园等等,都是用前辈积累的储蓄进行的投资。

预算盈余

　　作为一个国家,新加坡总是实行预算平衡的政策,即我们从不让支出大于收入。从 1965 年 8 月 9 日独立之日起的 40 多年中,我们绝大部分的年头预算平衡。预算平衡的传统定义就是,税务和收费等营运收入足够支付以工资为主的行政营运成本。

1987 年，我被任命为财政部的常任秘书，主管负责开支的预算署。1989年，我又兼管负责税收、收费、征税和其他收入的收入署。在这以前，财政部设两名常任秘书，一位管支出，一位管收入。我的部长胡赐道博士将两项工作合二为一。作为主管开支预算和收入的常任秘书，我能够批准的支出总额只能等同于我能够收取的收入总额。虽然我们并未有意识地去达致这一目标，但政策和实施的监督机制还是完善的。

在这种行政制度的安排下，可以说，预算总是保持平衡的。尽管如此，我的同事们老是怀疑我的右手（收入之手）比我的左手（开销之手）要长，不然，财政部如何取得预算盈余呢？

■ 基础设施拨款

世界上大多数国家的政府都是以向世界银行、亚洲开发银行贷款或是发行债券等方式进行融资，建设高速公路、铁路、电站、水库、污水处理厂、机场等等的，甚至学校和医院也是依靠贷款修建。新加坡与其他发展中国家一样。起先，我们向世界银行和亚洲开发银行贷款，借了数额适中的款项，建设电站、水库、污水处理厂、樟宜新机场和新加坡国立大学。

由于贷款需要偿还，我们仅为生产目的借贷，从不为消费目的借贷。政府组屋是用公积金储蓄建造的，而不是向外贷款。我们借贷是为了发展经济，因为只有经济增长才能带来财政和预算的稳定。

没有任何国家，包括美国，能以借贷达致繁荣，更何况像新加坡这样一个小国。我们从世界银行和亚洲开发银行贷款，是为了确保我们作为一个稳定的、明智的国家所拥有的预算信誉，从而吸引跨国公司的投资。

我很自豪地说，尽管由于亚洲金融危机的影响，我们在 1999/2000 财政年度编制了赤字的预算案，但回过头看看，我们可以满意地说："政府自 1988财政年度起，都成功地达致其预算政策的目标，即营运收入足以支付营运和发展支出。"

这意味着，新加坡政府的营运收入足以支付其营运和发展开支。营运收入不包括利用过去积累的储备金进行投资的收益部分，因为这些收益是受宪法保护的。

毫不夸张地说,近几十年来,没有一个民主政府可以取得这样的功绩。我知道的另一个成功机构就是新加坡航空公司。在 20 世纪 80 年代末和 90 年代初,新航有能力用常年收入购买它需要的新飞机。新航无需求助借贷来求发展。同样地,新加坡政府也几乎不举债。我们并无外债。

■ 土地征用法令

没有基础设施的土地只不过是沙土罢了。因为对土地进行的基础设施投资主要由国家进行,我们认为,公共建设的道路、地铁系统、学校等基础设施为土地价值带来的大部分升值,应该归属于国家。因此,当政府征用土地从事公共建设如组屋、工业厂房的时候,赔偿额应基于毫无基础设施的原始未开发土地的价格。我们工业用地和公共住房发展的奠基石就是土地征用法令。私人土地拥有者在土地被征用时所得到的补偿是依据发展前的土地价值而不是其潜在价值。

■ 土地收费

对裕廊工业镇的土地收费,经济发展局属下的裕廊镇管理局采用日本人的做法,即"繁荣共享,痛苦同当"。在此政策下,经济发展局并没有一开始就向工厂收取土地全部价值的费用。地租在头五年中被设定为土地年值的 6%。早期,裕廊镇的土地年值很低。在发展的前十年里,工业用地的年值不超过每平方英尺 1 新元的价格。

工厂在其土地 30 年租期的开头五年,只须缴付每平方英尺 6 分钱的地租。由于无需一次性缴付巨款,紧缺的资本得以用来购买厂房和设备或是建设厂房,资本不会被土地绑死。

土地价值每五年调整一次。随着裕廊镇的发展,土地的年值升高,但增幅被限定在 50% 之内。换言之,在第二个五年期里,土地年值的增值最多只能达到每平方英尺 1.5 新元,租金仅能从每平方英尺 6 分涨至 9 分。实际运作的结果是,土地年值在五年中平均增加25％。倘若裕廊镇发展不成功,土地的年值将下调,痛苦同当。

裕廊镇管理局和新加坡十分幸运,经济发展了,工业用地的价值稳健增长。企业家靠他们的核心制造业而非土地升值的横财,繁荣发达了。经过最初十年,新加坡进入稳定发展的阶段。裕廊镇管理局逐步停止执行"繁荣共享,痛苦同当"的政策,这一政策需要出租者和租户双方具备善意和互信才能成功。自从我们放弃了这一优良政策之后,新加坡的土地价值飞涨,这使我们与其他土地资源丰富的国家相比,陷入丧失竞争力的险境。

中国的政策制定者和执行者也许可以借鉴新加坡早期的土地政策,探讨"繁荣共享,痛苦同当"的原则是否适用于中国的情况。公开的土地投标方式是一种公平透明的土地标价方式,在新加坡已被采用多年,如今中国也在实施。投标过高永远是公开竞标中的现实,那些计算准确的人会得到丰厚回报,而计算失误的人则损失惨重。总的说来,我觉得应该由市场力量去赏罚。

然而,在一些关键领域,还是需要政府的干预。以新加坡为例,公共住房是其一。正如穷国的所有城市一样,早年的新加坡严重缺房。在市区,成千上万人缴付低微的房租,居住在臭气熏天的贫民窟里。租金控制法令禁止房东提高租金,因此,房东根本不愿意维修其房产,改善居住条件。相反地,他在等待建筑物的倒塌,这样,租户别无选择只能搬走。即便如此,他也得不到好处,因为土地局会在土地征用法令之下强行征用他的地产。政府征用土地是公平的,因为政府有义务帮助那些贫民窟居民迁到政府组屋去。

■ 安居工程

在以前,自给自足的农民凭临时占用执照(TOLs)使用在郊区的国有土地。他们饲养家禽、种植果树、栽种蔬菜。然而,临时占用执照不保障使用期,农民可能随时被令搬迁,并且得不到任何补偿。尽管法令并没有规定给予赔偿,建屋发展局在迁移这些农民以便使之让位于组屋新镇的发展时,还是给予他们赔偿。

郊区农民不但享有获配新组屋的优先权,而且也得到赔偿,以渡过暂时失去生计的难关。建屋发展局根据补偿标准和实地丈量,赔偿农民的果树、水泥猪圈和其他建造物。

尽管如此,农民还是与建屋发展局安居工程的视察员斗智并且占上风。他们雇用计时的小承包商来供应栽种在塑料袋里的果树苗,并在一夜之间为猪圈铺上水泥地,以尽量索偿更多赔款。一旦果树苗被视察员拍照作为赔偿证据之后,它们又被搬运到另一个地点,再次充当索赔的证据。

由于我们公开、公正和透明的赔偿制度,虽然发生了这些闹剧,但我们还是为建屋局新镇的发展提供了可以使用的土地,建设了大巴窑、宏茂桥、义顺、武吉班让、蔡厝港和其他郊区新镇。

■ 稳扎稳打、慢中求快

目前中国正在主要的城市和二级城市大力发展建屋计划,因此,也许有必要对新加坡的安居工程政策和实践进行详细研究。新加坡的经验或许无法提供所有的答案,但是,公正、公开和透明的征地搬迁政策应该坚持和执行。否则,发展计划将面临政治纠纷和动乱的阴影。

我个人认为,最好是稳扎稳打、慢中求快。

与中国学员对话录

问:刚才严先生说,在征用土地的过程中,很多大地主看到,把土地交给国家后,其他的土地会增值。您也谈到国家收买土地时,给地主的赔偿不会是国家发展、土地增值后的价格。一个地主卖给国家的第一批土地可能很便宜,但由于看到邻近的土地增值,他也从中获利,他在卖第二批土地时若还得以未发展的价格卖出,那他的利润可能缩小了,他为什么不反对?

答:我们把土地的价格与实际的地价挂钩。如果经济繁荣,政府就得以更高的价格向地主买地。地主意识到如果政府投资于基础设施而经济改善,所有房地产的价格都会上升。这些地主在其他地方也拥有土地,当他们把这些土地卖给发展商时,如果经济更繁荣,就可索要更高的价格了。作为政府,我觉得共富贵是其责任;共富贵远比共贫穷来得容易。我们每五年就得检讨土地的价格。

问:比如我是一个地主,我预见 10 年、20 年之后我的土地的价格会很高,我就是不卖,政府有什么办法呢?

答:在土地征用法令下,只要我们能够说明征用土地是为了公共利益,人们就得把土地卖给我们。作为政府,我们尊重人们拥有私人房地产的权利,但如果公共利益超越私人权利,那他们就得接受土地征用。虽然征用土地的过程相对和平,它仍是极少国家才敢采纳的。例如在印度,一些土地就因为政府不能够干预、征用,而没能被重新开发。我们必须说服人们一切都是为了国家的利益。事实上,以我们的经验而言,最大的抗拒来自农民。由于农民们只获得临时居住执照,他们其实没有拥有土地的法律权益。尽管如此,我们还是非常有耐心地对待农民。在裕廊,曾有一个农夫在小山丘上建了个小屋,无论我们提供什么赔偿,他都不肯搬迁。我们派了铲泥车把小山丘附近的土地都铲平,最终他只能靠梯子爬上小屋,也就必须就范了。因此,我们需要非常有耐心。必须告诉你们,如果你是个土地稽查员,那可能是挺危险的差事。事实上,我的一些朋友到农村驱赶农民家庭时,还得面对菜刀。土地稽查员须符合的最重要条件不是有勇气而是逃跑时的速度。耐心和理性是最重要的。

在土地征用法令下,如果你对赔偿价格不满,你可提出上诉,要求更高的赔偿。总估价师必须提供土地价值的凭证——我们不会多付,但我们也不会少给。重要的是拥有透明度,不能凭个人的直觉评估土地的价值。由于制度透明公正,上诉的例子不多。

问:政府征地时,除了给予农民合理的土地价格以外,有没有考虑失去土地以后他们的生计问题? 有没有相关的措施?

答:首先,我们给予他们的赔偿相当于他们失去土地后一年的生活费,我们不能作出长期的赔偿。他们当中比较具企业家精神的后来成为小商人。今天,我们股票交易所两三个上市公司的老板就是农民出身。我相信,当我们拆除养猪场时,年轻企业家叶金利的家人转而饲养虹鳟。我们尝试帮忙他们维持生计，但正如李光耀先生常说的："没有人有给我们生计的义务。"新加坡永远不会成为福利国家，不依赖福利是华人的本质。如果拥有机会，多数人只要尝试就能生存下去。新加坡一个主要的政策是教育机会均等，无论你的父母富裕或贫穷，你都能有机会受教育、上大学。

问： 严先生说，政府征用土地时"不会多给，也不会少给"，关键是在定价方面政府有什么技巧？

答： 所有土地的公共交易都必须向地契与契据注册局注册，人们能到注册局查问交易的价格，所有公众都能获得相关信息。这是以市价征用土地，不是没收土地，必须改变观念。在新加坡，每一片土地都有证书，中国是否也如此？中国是否有土地注册制度？在中国，你如何证明自己是土地的主人？拥有权可转让吗？据我了解，在诸如荷兰这样的国家里，人们只拥有土地使用权。

[学员的回答：在中国，人们拥有土地使用权证，可转让使用权，但如果改变土地使用性质就得征得政府的同意。]

问： 如果土地没有交易记录，那要如何定价？

答： 应该至少有一次交易的，重要的原则是所征用的土地是充作公共用途，例如建筑高速公路等。每片土地都有个最低价格，这可经过竞标，重要的原则是让所有竞标者拥有公开和同等的机会。

问： 如果土地的私人和公共用途起了争议，政府在什么样的情况下可使用暴力？

答： 我们尽量劝导人们，我想不到任何使用武力的例子。当然劝告可以不同的形式进行。举个例子，每个乡村都有个铺子，店主通常不愿意搬迁。当建屋发展局开始在我们的住宅区开设商店时，假设我们拥有 10 间店，并以每月 5000 新元的租金租出，那我们告诉乡村店铺的店主，我们将让他在镇上开铺（这总比在乡村开铺好），并允许他以优惠的价格租赁店铺。店主经常错误估计店铺的价值，租赁店铺 5 年后，他可选择把铺子归还给我们，或我们可劝他买下店铺，我们必须让他有机会作出理性的经济判断。使用武力是不得已时的选择。早年，一些私人地主雇用流氓驱逐农民，政府只好介入，否则可能会使人们对政府不满。一名私人地主就因为用流氓驱逐农民，最终被我们以逃税的罪名驱逐出境,他只好逃之夭夭。

问:失去土地以后,农民的着落是个问题。好多地方在探讨征地跟农民社会保障体系的建设。新加坡这方面有没有特别政策,特别是对年纪比较大、失去工作能力的人?

答:我国政府的政策是我们会在过渡时期提供援助,但我们不能永远都帮助你。以店主而言,给他一个铺子,资助他的租金;让农夫租赁组屋或(市场)摊位并提供租金援助。赔偿只比一年的所需略高。我相信中国人会团结并找出解决方案。例如,新加坡政府通过园艺研究的投资,协助一些菜农投入胡姬花的种植。我相信新加坡人和中国人一样,都是具企业家精神的。

问:新加坡对非公共利益用地(也就是私人征地)是怎么管理的?

答:征地是为了满足公共利益。我们建地铁时就犯下了一个错误。知道地铁附近的地价会上涨,我们征用了距离地铁站50米以内的土地。我想,我们后来应逐渐归还这些土地。我们也是会犯下这类错误的。政府不能被视为是牟利的或者只为了满足个人利益,每片地盘都必须有开放的竞标制度。如果我们不这么做,政府就得面对公众的指责。土地征用法令是个非常具权威的法令,但它也不可被滥用;最重要的是不可失去道德权威。事实上,在新加坡,除了国防安全以外,政府针对任何公共政策所做出的决定都可能遭公众非议。其他有关经济、社会、教育和文化的课题都让人公开辩论。我们的政策是不让国防开支超过现年国内生产总值的4%。国防部还有其他严格的措施确保国防开支不超过界限。如果经济没有取得增长,国防开支就不会增加。

问:建了地铁以后,周边的土地增值了,政府怎么处理增值的部分?

答:一般而言,我们不应该征用周围的土地,因为建筑工程进行期间,附近的房地产和商业都会受影响。我想我们目前是以更宏观的角度去看事物了:20年前我们认为不应该让人通过拥有土地谋私利。让我举个例子说明为什么我们需要让私人企业谋取更大利益。在驳船码头,沿着新加坡河的店屋原来都受制于英国统治者战后所推出的"租金控制"制度,也就是说店屋主人不能提高租金。这么一来,店主不管店屋的状况,不去维修它们,店屋的状况也就宛如贫民窟。大约是1985年的时候,市区重建局欲将驳船码头转变成娱乐区,我们宣布除非店主装修店屋,否则我们不会将它们买下。市建局对店屋整修的形式也有一些规定。不过,由于店屋都受租金管制,当然什么事都没发生。

一天,我的商人朋友上门找我,我当时是国家发展部的常任秘书,也负责管理市建局。他告诉我他准备花至少100万新元买下所有店屋,条件是我们必须愿意废除租金管制。与其以颇大的资金征用所有的店屋,不如让私人企业来做这件事。因此,我们把废除租金管制的建议提呈给内阁批准,但买主必须愿意花一笔钱(如100万新元)来整修每个店屋。政府鉴于重新发展的前提是废除租金管制,驳船码头才能成为今日酒廊遍布的夜间娱乐场所。我们所受到的启发是,我们可以通过排除障碍让私人企业落实计划。最初的30年,租金管制法令是重要的,否则价格会上涨,人们被迫离开。不过,当建屋局取得成功后,就没有继续实行租金管制的必要了。

我们把驳船码头的经验与我们较早的牛车水市区翻新工程相比较一下。我们早期征用了一排排的店屋,由我们自己的建筑师设计店屋的窗户和前门,并由承包商装修这些场所,然后才把它们售出。我认为今天的牛车水已经没有了生命力!所有曾经在牛车水营业的商人被迫离开,我们转而邀请他人来购买装修过的店铺。这些买主都不太了解如何在牛车水做生意,但由于我们夺走了牛车水的生命力,我们再也不能让它复活了。实际上,今天的牛车水黯然失色。

我们从中学习到必须利用私人企业,帮它们排除障碍并给予协助,让它们按自己的意愿营业,市场是会找到自己的规律的。今天的牛车水拥有的意大利餐厅可能比中餐馆多。我们现在采用驳船码头的战略来进行市区重建。

问:私人开发商在拆迁的时候又有什么依据?

答:买主通常只会买空置的产业,因此地主必须游说居民搬迁,这些都是必须经商议的。更重要的是,买主必须向市建局保证将进一步开发土地的用途,并支付发展费用。市建局每年会在政府公报上刊登不同土地的发展收费,征收该费用是为了抵消政府建公路和排水系统等的部分开支。如果没有征收发展费用,投资者或地主不就能免费从国家的投资中受益吗?

国家也应该分享繁荣的果实。

问：私营企业或外商如何购买土地作生产用途？是否买卖两方达成协议就可进行交易，还是得通过政府先征用土地再拿到市场去公开拍卖？

答：多数的外来投资者都会为公共土地投标，例如，滨海湾的填土地带就公开让国际投资者竞标，并由吉宝置地和香港的财团标得。这么做使土地的价格比预期的高出超过一半。

第四章　跨国公司与市场

■ 进口替代

　　在新加坡与马来西亚分家之前,马来西亚共同市场的前景尽管黯淡,但依然存在。这个前景在1965年8月9日之后却永远地消失了。在新马分家之前几年,新加坡和其他发展中国家一样,都实行进口替代的工业政策。通过关税的手段将进口产品拒之门外,计划者幻想通过国内市场的整合,创造一个规模庞大的工业,达致规模经济。其后果只是产生了垄断性的、无效率的国营企业。它们由受条条框框限制的官僚管理。私营的垄断性的企业也没有什么好结果,反而导致了现在所称的朋党资本主义的出现。

■ 本土工业

　　对于新加坡来说,因为我们的国内市场太过狭小,进口替代根本无法行得通。尽管如此,我们的第一个本土工业就是国家钢铁公司。它的生意有赖于我们建屋发展局的低成本组屋所需钢条这样一个国内市场。低成本的公共住房也养活了我们的水泥厂、油漆厂、砖厂,更重要的是,吸纳了大量的非熟练建筑工人。

■ 出口导向的工业化

从马来西亚分离之后，我们实行了在商人们看来是 180 度转弯的政策。一夜之间，我们彻底地全盘取消保护性关税。我们一头栽进了出口导向的工业化，从最便宜的地方免税进口原材料和零部件。我们也感到转型的痛楚，作为经济发展局的官员，看到我们的朋友制造业生意失败了，我们感到痛苦，因为开始时是我们说服他们投入制造业生意的。

■ 竞争力说了算

残酷的事实证明，不是市场规模说了算，而是竞争力说了算。竞争力是一个国家或经济体所能提供的最好产品和服务的总和。它是多方面的综合指标，包括工资成本和劳动技能、教育水平、基础设施、政治稳定和安全，以及一个不贪污、不搞裙带关系的好政府。

当新加坡迫于环境而投身出口导向的工业化时，我们在相当大的程度上为跨国公司和自己的人民提供了上述条件。我们欢迎任何制造业的投资，不论是国外或国内、低科技或高科技或无科技。在早年，新加坡与众不同，我们欢迎跨国公司和亚洲的公司，带动良性循环的发展。当然，那也是在寻求马来西亚共同市场碰壁之后才意识到的。我们是在山穷水尽的无奈之下找到了通往光明的道路。

■ 推拉因素

在经济发展局的所有同僚中，我认为，曾振木先生（Mr Chan Chin Bock）是我们最好的投资官员。与马来西亚分家以后，曾先生远赴纽约，为新加坡建立了涵盖北美和欧洲的促进投资的网络。他告诉我，为了成功吸引投资，我们必须快速地确定推拉因素。

■ 推动因素

推动因素是新加坡不战自胜的得分点。跨国公司因为母国的劳动力成本过高、征税过度而希望将其制造业生产线移至国外。它们也可能要进入因距离和关税的限制不得而入的市场。不过,推动因素不足以吸引投资到新加坡来。

■ 拉动因素

我们必须提供很强的拉动因素,游说公司董事会将生产业务移来我们这儿。惯性和对环境的不熟悉是最大的障碍。新加坡到底有什么拉动因素呢?

■ 低成本的半熟练工人

首要的条件是拥有低成本的半熟练和识字的劳动队伍。在工业化的初期,新加坡吸引到了生产服装、假发、玩具及从事简单电子装配的工厂,为成千上万的小学毕业生提供了就业机会。拆船和废钢轧碾不太需要技能,而更需要身强力壮的工人。然而,这个行业的附加价值高过一般简单的装配厂。

■ 精密工程所需的高技能

我们很快发现,低工资是不够的,我们必须为精密工程行业提供较高技能的员工。经济发展局说服了一些公司,如德国的罗雷(Rollei)、荷兰的菲利浦、日本的精工,与我们一道设立工业培训中心。两年之内,初中毕业生就被培训为精密技工和模工,并能使用计算机辅助的机器。

■ 加工行业

后来的阶段,我们的理工学院培养了专科的技工,从事石油提炼、石油化工和制药等加工行业的工作。这些行业基本上都需要技术甚至知识型劳工。

■ 知识型经济

新加坡和新加坡人民现在比历史上任何时候都更加需要在知识、技能和创新的层面上同世界上最优秀的国家和人民竞争。尽管在大部分领域里个别的新加坡人可能与世界最优秀者比肩,但我们不像中国、印度、日本、俄罗斯、西欧和美国那样,拥有足够多的有才干的人。那么,新加坡应该怎样竞争?

■ 稳定的政府

虽然新加坡没有原油等自然资源,我们却发展成为领先的石油提炼和石油化工中心。需要长时间才能获得回报的资本密集型行业所要的就是一个好的稳定的政府作为其投资的必要条件。

■ 自由贸易协定

从交通方面看,我们的市场辐射到我们的东盟邻居、印度、中国、日本、澳大利亚和新西兰,看远一些,美国太平洋沿岸和南美洲也在我们的视线中。新加坡政府正在编织与这些国家的自由贸易协定之网。

■ 新加坡并非奇迹

从根本上来说,没有一个强大的好政府,小红点依旧是小红点。人民行动党为新加坡提供了现代史上无人超越的卓越领导。新加坡并非奇迹,只要她的人民继续努力,新加坡将永存。

■ 新加坡马

我非常尊重日本通商产业省及在那里工作的政府官员。在20世纪70年代中期,新加坡贸易与工业部和日本的通商产业省每隔一年就会进行一次互访,以便互相学习。在我们去日本访问时,接待我们的是日本通商产业省工业政策的总指挥宫本(Miyamoto)先生(他后来成为日本出口贸易组织的总裁)。

宫本先生告诉我,在访问日本的时候,最主要的不是要惊叹于他们的硬件设施,而是应该学习他们的"软件"。他说工业发展的关键动力就是生产效率。虽然日本已经是一个工业化的国家了,但是他们的生产率也不可能以每年4%的增长速度持续增长10年。日本在提高生产效率的问题上给新加坡作了一个很好的榜样。

新加坡建立的"工作提高小组"(The Work lmprovement Team)就是新加坡贸易与工业部从日本通商产业省那里学习来的。但是新加坡的"工作提高小组"并没有像日本那样获得很大成功。原因有很多方面。从性格上来看,日本人是一个有很强的集体主义精神的民族,新加坡人却非常独立。这一点倒不是什么缺点。成功的企业家都是很独立的人。

不幸的是,在这件事情上,新加坡政府的官僚作风阻碍了事情的进展。他们关心的只是参与的企业的数量。由于参与的企业缺乏主动性,"工作提高小组"的努力几乎看不到什么成效。中高层的那些政府官员没有意识到政府宣传的重要性。除非我们能够提高我们的生产效率,否则,新加坡可持续的经济增长率最多只有4%~6%。

我还曾经问过宫本先生日本工业科研方面的政策是什么。在我访问日本通商产业省之前,我一直以为日本一定有一套宏伟的科研计划蓝图来保证日本能在科技竞争中长盛不衰。他很简单地告诉我说,日本没有这样的计划。他说,日本通商产业省的官员读的是其他所有人都能看到的科技方面的杂志和信息。新加坡人也和其他人一样可以得到各个科研领域，例如电子、生物、纳米技术方面的相同信息。

日本通商产业省唯一的举措就是从日本的财政部那里获得足够的科研经费，然后它们会把这些经费分发给每一个行业领域里最有实力的几个公司。那些公司可以自由地选择研发项目，针对市场开发新的产品。按照他的说法，日本通商产业省的政策就是在赛马场上给每一匹马都下赌注，希望最终会出现至少一匹"黑马"。

接着，他真诚地看着我，对我说，新加坡的问题是赛马场上根本就没有一匹马是属于新加坡的。新加坡科技研究局最能体会到我们"新加坡马"的缺乏。在这样的情况下，我们只能选择一个次优的方案，那就是进口"外国马"来帮我们跑赢这场比赛。

宫本先生对我们的这个策略并不赞成。他认为更好的选择是让新加坡科技研究局去发现更多像创新科技、凯发公司这样的未来本土明星，不管花多大的代价也要扶植这些企业。也许某一天，新加坡就会出现一个世界冠军。

问题的关键是要在赛马场中投入尽可能多的"新加坡马"。

与中国学员对话录

问：新加坡是个国际竞争力强的国家，应该有其知名的企业和产品。我们在这里住了几个月，看到的多数是进口的产品。到底新加坡有哪些知名的企业和产品？

答：新加坡之所以排名为世界上最具竞争力的国家之一，是因为其好政府和治国方式。如果谈到市场的规模，那我们微不足道。即便是高科技的排名，我们充其量也是殿后的。身为新加坡人，我不会太在意让新加坡名列前茅的竞争力排名活动。我不认为一个国家的运作可完全以拥有"巨星"为标准，因为所谓的巨星一闪即逝，即使是非常出名的国际企业也不例外。我不觉得拥有巨星企业，新加坡就能无往不利。但有家本地公司是我们感到非常自豪的，它就是新加坡航空公司（新航）。

1972—1996年,我是新航的董事之一。新航的前身为马来西亚—新加坡航空公司,由马来西亚和新加坡联营,各占50%的股份。我们"分家"是因为马来西亚政府希望该公司为马来西亚的市场服务并要为大马的内陆市场制定低额的机票收费,而新加坡根本无内陆市场可言。因此,我们告诉马来西亚的朋友我们必须拆伙,他们才可以为内陆市场服务,而我们则面向全世界。当然,这是个艰巨的工作:这么小的航空公司要怎么与世界上的龙头企业较量?这些大型的航空公司包括英国航空公司、美国航空公司和澳洲航空公司等。欲经营国际性航空公司就必须拥有空中行驶权利,以便能从伦敦飞到新加坡等等。

我必须感谢英国政府给予我们首个飞行国际航班的可能性,也就是从新加坡飞往伦敦。我们自此驰骋于国际领空,飞到澳洲、日本、美国和亚洲的其他地方。以航空业而言,大家的竞争以生产力为本,这是因为航空公司无论大小,其飞机和燃油成本都是一样的。在空中飞行一公里,我估计30%的成本是资本(飞机)成本、30%是燃油,而另外30%可能是劳工成本。劳工成本是指飞机师、工程师和机组人员等的薪金。

新航的成功取决于其机组人员和工程师的劳工成本比大型的航空公司来得低。新航从零开始,经过约35年的努力,目前它已经是世界最顶尖的10家航空公司之一。航空业不容易经营,新航不能停滞不前。

20世纪80年代,我曾同李光耀先生一起访问中国,并与中国民用航空总局洽谈,建议它同新航携手在中国经营航空公司。中国民用航空总局负责人告诉我,如果政府让民航局自行设定机票价格,中国民用航空总局就能和新航并驾齐驱。约在1985年,邓小平先生决定让民航局自行决定机票价格,不少航空公司于是遵从。今天的中国在经过一二十年后已经成立了多家大型的航空公司,包括三个国有航空集团,新航必须面对中国航空公司的激烈竞争。这个故事告诉我们,政府不应该干涉商业活动,它能够拥有自己的企业但不能干预企业的运作,航空公司要把机票定在什么价格不应该由政府控制。

问:新加坡有没有什么工业企业是比较出名的呢?

答：我会说没有①，但一些跨国企业在新加坡开发新产品。事实上，在新加坡，产品的开发都由跨国企业进行，新加坡的大学仍没有能力创建新产品。我也不认为产品的研究是在新加坡进行的，这里承办的是产品的改良和开发。例如摩托罗拉最近就在新加坡开发了其 Razr 系列手机。新加坡能够在知识工业里竞争。但我们拥有一个有天分的新加坡人的同时，中国就出现了一万个这样的人才。

问：我们注意到中国的一些大企业最近也跨出了国家的市场，但有些时候它们受一些非市场因素影响，比如说受政治影响。最近购买 UNOCOL（加州联合石油公司）的事件就遇上一些困难。您有什么看法？

答：我认为中国既是这么一个庞大的国家，任何举动自然会引起每个人注意。我个人的看法是中国应该采纳环球战略，与其自己生产所有东西再卖给全世界，不如同其他国家结盟携手从事生产。请允许我这么说：中国应更低调，例如加州联合石油公司，你们（买方中国海洋石油有限公司）根本不需要通过购买它来渗透市场。

大约两星期前，我出席了一个演讲会，演讲者是从事石油生意的一名美国人。他说我们是能够买卖油田的开采权利的，这是场交易，跟品牌无关。如果中国海洋石油有限公司由我掌控，与其因收购加州联合石油公司而面对美国国会，不如购买加州联合石油公司在世界各地的石油开采特权。加州联合石油公司的品牌对你而言根本没有利用价值，你需要的是油田本身，你要收购的是业务不是虚名，何况人们会更排斥姿态高的中国公司。

再谈海尔集团尝试收购美国美泰家电的例子。美泰根本不是个国际知名的品牌，你可以购买美泰的科技。其实，中国这么大，根本不需要收购其他品牌，你们可以开发自己的品牌。20 世纪 80 年代访问中国时，我告诉一位高级干部，中国不应该让可口可乐四处张挂其品牌广告。如同新加坡一

---

① 译者按：译者认为另一家国际间享有盛誉的新加坡公司是新加坡创新科技有限公司（Creative Technology Ltd.）。它创建于 1981 年，是生产用于个人电脑和网络方面的娱乐产品的领导厂商，其立体声声霸卡（Sound Blaster）更是多媒体电脑的立体声声卡标准。目前，创新科技已在中国、美国、日本、澳大利亚、英国等多个国家及地区建立了全资子公司或合资公司，在全世界数十个国家和地区建立了销售及售后服务网络。创新科技于 1992 年在美国纳斯达克正式挂牌上市，成为新加坡第一家越洋在美国纳斯达克上市的公司。不过，随着全球半导体工业界的不景气，创新科技也受影响，利润有下滑的趋势。

般大小的国家别无选择,只好搭乘美国品牌的"顺风车"。即便是麦当劳,我也不认为它的食物非常可口,为什么中国不开发属于自己的"中国点心"呢?你们可以开发自己的品牌以迎合自己市场的需求,关键是营销策略。我不是鼓吹民族气节,而是庞大的中国市场没必要被美国的经济霸权支配。

购买他人的科技正是日本人的做法。战后,美国对日本人尤其厚爱,给予他们所有的科技。一位日籍教授告诉我,日本绝对不会把其科技拱手送给任何人,这是因为当日本应用美国人所给予的科技来作出反击,最终与美国人一较长短时,美国人就会开始后悔。中国可购买科技,但中国的知识能够让它不只局限在再创造,而是去进行第一手的研究并开发产品。

我最近到日本去时,看到美国人正在协助日本开发最新型的F16战斗机。中国是不会取得相关科技的,你们必须自己进行研究,或许中国可以同俄罗斯合作,开发自己的战斗机。我认为,美国对中国的"围堵"就是同日本以及邻近的国家(如印尼和越南)携手对抗中国。这是场科技竞争,未来世界的竞争是知识领域的竞争。

第五章　国家资本主义和企业家精神

我在马来亚大学的新加坡武吉知马校区读书的时候,当时发展经济学还只是我们这个领域的一个新课题,还不算一门成熟的学科。经典经济学是我们的必修课程,计量经济学在那时也只是在婴儿阶段。研究贫穷国家的人口过多问题和贫穷问题的发展经济学还没有被纳入经济研究的主要范畴。

我们这一代学生只读过一位经济学家关于贫穷国家发展问题的著作,他就是英国曼彻斯特大学的阿瑟·刘易斯教授。也许是因为来自牙买加这个发展中国家,他用一些基本的经济学理论非常清晰地重点分析了发展中国家普遍的社会和经济问题。他所写的关于经济发展问题的书非常具有可读性。我建议当我们对目前所面临的世界经济挑战感到困惑的时候,可以重新读一下他的这本书。刘易斯教授的主要观点就是要抓住基础。

在 20 世纪 50 年代,可以与刘易斯教授相提并论的还有另外一个伟大的经济学家沃尔特·罗斯托教授。他写了关于"经济发展三个阶段"的经典著作。他的思想经常成为人们思考国家发展问题的理论依据。

根据沃尔特·罗斯托教授的理论,经济发展的第一阶段是农业阶段。当农民生产的粮食足够一家人吃的时候,他们才可能有盈余。农民有了这些盈余,就有能力去购买手工业者制造的商品,例如服装。然后,当这些手工业者生产的商品需求增大时,他们就可以积累足够的储蓄去购买医生或者老师提供的服务。经济发展的三个阶段就是:以农业为主的第一阶段,以制造业为主的第二阶段和以服务业为主的第三阶段。

如果我可以把沃尔特·罗斯托教授的理论延伸到现在,那么可将知识产权看作经济发展的第四个阶段。但是问题是，这会是经济发展的最终阶段吗？

▇ 资本形成和国家资本主义

罗斯托教授的书中写道，前一个阶段生产的盈余是继续向下一个阶段发展的必要前提。但是必须要有足够的资本构成才能引发经济向前发展。到底是什么人或者什么东西开启了这一系列发展进程呢？

在早期的历史中，土地的最高所有者是唯一能够聚集各种资源来修建宫殿、公共设施或者国防设施的人。一个奢侈的国王会建造宏伟的皇宫和纪念碑来炫耀自己的丰功伟绩。一个明智的国王会修建道路、运河来连接他所有的广阔领地，还会修建大坝和各种水利设施来防洪和解决灌溉问题。一个强硬的国王就会建造高大坚固的城墙来保卫国家领土。所有的统治者和政府都必须按照正确的比例顾及所有三个方面。新加坡和现在的中国政府在没有忽略其他问题的前提下着重发展基础设施建设和国防，就是一个很正确的选择。

但是国家资本主义不单单是指公共设施的建设。我所说的国家资本主义是指政府参与有风险的商业化企业的运作。政府参与的目的并不全是为了利润，提高国家军事实力应该是政府隐藏得更深的实质目的。

所以，在日本的明治维新时期，日本政府为了军事目的鼓励和积极参与了许多大财团的建立，例如钢铁公司、飞机制造公司和船厂。在"二战"结束以后，由于日本和战胜方美国签订了和平条约，它们就将这些原来的国防工业转变成如今强大的民用高科技产业。

▇ 新加坡是不是也经历了相似的工业化发展过程呢？

我们的第一任国防部部长吴庆瑞博士建立了新加坡科技集团这个高科技的国防产业。出于经济学家的思考，吴庆瑞博士劝说当时的内阁成员投入资金到逆向工程上，因为全部都买新的武器装备实在是太贵了。我们的国防工程师就在对产品的拆卸过程中学习那些技术,然后升级和维修坦克、飞机及各种武器。我们大部分的国防工业现在都已经是新加坡证券市场的上市公司,到现在为止,它们都经受住了市场的检验。

新加坡科技集团下属的许多工程公司目前还在为国防部提供服务。在这个基础上,它们也能够面对非国防项目的商业竞争。另外两个下属公司,特许半导体电子公司和电信传媒公司已经完全在市场上参与竞争。新加坡科技集团诞生时只是国防部的附属,现在它已经成功地转型为生产民用产品的商业公司。

上市发行股票使得新加坡科技集团的管理层更加具备风险意识。在吴庆瑞博士离开财政部以后,新加坡科技集团就停止了成长。它只是通过收购和兼并来扩大业务,但是再也没有设立新的公司,可以看得出它缺乏企业家精神。

■ 国家企业家精神

最早的国家企业也是由我们的第一任财政部长吴庆瑞博士和他的常任秘书韩瑞生先生开创的。他们投资兴建了新加坡国家钢铁公司、裕廊和三巴旺船厂、香格里拉和文华大酒店,还有一系列规模较小的私人企业。

政府注入这些资产的目的是为了增强人们的信心,鼓励私人企业进军工业,由它们来管理和运作这些新成立的公司。

韩瑞生先生还建立了新加坡发展银行(现星展银行),来提供长期的融资。如果需要的融资量超过了星展银行的借贷能力,财政部就会直接出手投资,例如政府曾与日本住友公司共同出资 10 亿新元建立新加坡石油化工公司,该公司为后来裕廊工业岛石油化工区的发展打下了坚实的基础。

从新加坡的经验来看,国家资本主义对于建立和发展大型的、风险与机遇并存的新兴行业,是必不可少的。1972 年我们建立了新加坡航空公司,财政部是唯一的股东。由于财政部百分之百地控股,所以它能直接对公司进行管理和经营。但当时的财政部长韩先生知道,这不是最好的选择。

韩先生没有直接任命公司的董事长和董事会成员,而是把权力移交给公司的总裁 Lim Chin Beng 先生，由他领导新加坡航空公司的管理层来经营这个公司。最初的董事会成员在 1972 年到 1996 年这段时间为公司作出了巨大贡献。回顾过去，他们现在可以骄傲地说，是他们这些开拓者白手起家，使新航从一开始的几架飞机发展成为现在的拥有巨额利润的国际化航空公司。

■ 金融监管、政府与机构

作为新加坡的第一任财政部长，吴庆瑞博士不仅仅是新加坡的经济建筑师，更是财政方面的建筑师。他建立了新加坡经济发展局来引导新加坡的经济发展。作为财政部长，他还创立了其他三个机构来协助新加坡的金融监管。

他建立的第一个机构是新加坡货币管理局，负责管理新加坡所有的外汇储备。后来当我们决定要通过汇率而不是利率来影响货币政策的时候，吴庆瑞博士就建立了政府投资公司来管理政府的长期资产。新加坡货币发行局发行货币所需要的外汇资产都转交给了政府投资公司来管理。货币管理局所持有的外汇资产可以看作长期资产。货币管理局通过干预外汇市场来调整汇率，维持新加坡货币的稳定。政府投资公司和货币管理局的管理人员都不用承担商业风险。商业风险主要由淡马锡控股公司来承担。

财政部长久以来一直在实行国家资本主义，我希望它以后也能坚持这样做。在国家资本主义制度下，政府作为投资的参与者和私人企业合作，投资于前途未卜、高风险高收益的新领域、新行业。

有人说英国的伊丽莎白一世女王曾经和一些男人合作，例如弗朗西斯·德雷克爵士，为发动战争而组织军队，配备人员。然后他们就把这些人派出去攻击和抢夺西班牙船队，它们从西印度出发，满载黄金珠宝回国。如果他们的人能截获这些财富，那么回国后就能能获得爵位；如果他们失败了，就会被当成海盗处死。

1961 年，财政部刚刚组建经济发展局的时候，曾经拨款一亿新元作为启动资金，这在当时可以算是天文数字了。虽然这笔钱足以维持日常经营所需,但是主要目的是为了投资或者贷款给私人企业,鼓励它们在新加坡建立新的工业。政府的参与给了私人企业更多的信心,使它们投入资本时更放心。如果可能的话,我们还会介绍给它们更多新的技术。

新加坡裕廊工业区的第一家现代化的工业公司——国家钢铁公司——就是在联合国发展计划署的专家、法国人 Schereschewsky 先生的建议下建立的。他曾经是法国国家电力公司的主席,也是钢铁锻造方面的专家。

只要有机会,财政部和经济发展局就会和私人企业一起投资设立新的行业,因为在商业方面它们比我们懂得更多。但是当风险太高的时候,财政部就会直接投资,做唯一的股东,这方面的例子如新加坡航空公司和星展银行。我们也曾经和住友化学公司合作,建立了价值几十亿新元的新加坡石油化工公司。

在这些项目和机构中,新加坡政府一直在推行实用资本主义政策。虽然财政部经常会成为最大的股东,但是我们能够抵制住诱惑,没有派我们的公务员直接管理和经营那些公司。作为最大的股东,我们有权任命公司的董事会成员,有时甚至是首席执行官。"国有企业"在新加坡并不是一个贬义词。我们要一直这样保持下去,否则就很可能沦为"朋党资本主义"。

■ 向淡马锡控股公司的过渡

1968 年新加坡发展银行(星展银行)建立的时候,经济发展局的工业贷款和资产投资都转移到了这个银行。作为一个银行,星展银行只可以接受符合商业标准的贷款和投资,然后由经济发展局负责剩下的部分。剩下的这些常常是最令我们头疼的,因为要涉及大规模的国家预算。但是我们1972 年建立新加坡航空公司的时候,需要的融资额度超过了星展银行的借贷能力,更别说让它做大股东了。同样地,在建立新加坡石油化工公司的时候,也是由财政部做唯一的股东,出资 5 亿新元。

因为无法全面公平地顾及所有参与投资的公司,1970 年财政部决定其全部资产投资转移到一个公司的名下,那就是淡马锡控股公司。财政部没有能力同时为这么多大公司提供监管,这些大公司包括新加坡航空公司、星展银行、东方海皇轮船公司、新加坡电信公司和新加坡科技集团等。

同时,在转移之后也避免了像税收这样的利益冲突。淡马锡控股公司的角色也不仅仅限于公司监管,他们还要接替财政部和经济发展局的职责,实施国家资本主义的政策。

另一方面,淡马锡还要监督管理新加坡港务局、新加坡电信局等大型法定机构的公司化过程。

目前,建立公司监管的初始阶段已经基本完成,淡马锡的主要任务就是转向最根本的国家资本主义的角色。淡马锡要为新加坡寻找最新的商业发展领域,就像当时财政部和经济发展局那样,进行投资、培养,让它们成长。当这些新的行业成熟了以后,淡马锡就要退出、离开,然后再去寻找下一个前线。

不管过程有多辛苦,我们一定要建立起这样的良性循环。如果淡马锡不能沿着这条艰难的道路坚持走下去,那么,将来就再也不会出现像新加坡航空公司、星展银行这样的蓝筹黑马了。

退出报告和私人部门

有一些人认为新加坡政府和淡马锡控股对经济发展干涉得太多,应该给私人企业留下更多的空间,让它们自由发挥。对父母来说,放手让孩子离开是最困难的事情。政府如何从企业中退出是一个争议已久的话题。70年代中期,当吴庆瑞博士收到第一份政府退出的报告时,他叹了一口气,然后问了两个问题:如果政联公司是盈利的,为什么政府要把所持有的股票卖掉?如果这个公司不盈利,我们作为政府又怎能出售股票呢?

然后他就问到了一个最根本的问题:我们把股票卖给谁?我们能够找到一个像我们政府这样的控股集团来接手新加坡航空公司,让它保持盈利继续发展吗?为什么我们要有这种意识,把我们强大的公司卖给那些只为了获得短期利润的基金经理呢?作为一个很小的经济体,我们生死只有一步之遥。政府应该停止扮演资本家的角色了吗?

这些问题到现在仍然至关重要,需要人们不停地探讨。

在我看来，我想建议淡马锡控股公司不要急于变现已经发展成熟的企业，而是应该去寻根溯源，建立更多新的企业来创造价值，就像国家钢铁公司、新加坡航空公司、吉宝集团、胜科工业、星展银行、新加坡电信公司、东方海皇轮船公司和新加坡港务集团历史上曾做过的一样。

以知识为基础的竞争将会产生成百上千的新行业、新机遇。回顾过去经济发展局的开创阶段，我希望淡马锡能够向老一辈战斗者学习，以同样甚至更多的精力和热情来领导新加坡未来的经济发展。

第六章　公共财政的原则

　　新加坡政府开支预算按照用途可以分为两大类：经常性（运营）项目预算和资本性（开发）项目预算。这套政府预算体系随着时间的推进也在不断地发展、变化。

　　在早期的时候（1959—1970），财政部预算署采用的是"逐行审查"的预算体系。当时由于税收带来的财政收入非常有限，预算署的官员不得不逐行审查每一个项目的每一笔预算开支，每一分钱都要精打细算。而且，由于不可能增加工作人员的数量，即使任务量增加，也只能由部门现有的人员来完成超额的任务。

　　逐行审查真的是一项非常枯燥冗繁的工作。那些申请经费的部门也经常会跟预算署的官员发生争执。但是由于资金的短缺，我们不得不采取这样"斤斤计较"的做法。在困难时期，这种方法是非常切实可行的。然而，有的时候这种过于计较的做法也会使预算署的决策最终因小失大。

　　关于这个问题，有一个非常著名的例子。有一次，财政部下属的收入所得税部门获得了一笔财政拨款，用来购买办公用的计算器。但是他们却没有获得购买计算器电池的拨款。后来，收入所得税部门的主管就向财政部的常任秘书报告说，在进行税收统计时由于不能使用计算器而导致的财政税收上缴的延误，财政部必须负全部责任，因为他们现在不得不自己动手用纸和笔来计算这些数字。

　　逐行审查政策的最大缺陷就是过分关注削减财政开支。其实我们真正要问的首要问题是：这笔财政开支是不是必需的？它能导致什么样的结果？这样的结果是我们想要的吗？

对于"为什么"问题的思考引发了预算制度由"逐行审查"向"项目预算"制度的转变。我们可以用一个修建学校的例子来解释"项目预算"的审批过程。假设教育部计划在未来十年修建五所新的学校,也就是说每两年之内将要有一所新的学校建成,那么,教育部首先要用事实说服财政部。比方说小学一年级的招生人数已经超过目前学校的接收能力,所以必须修建新的学校。这个数字可以通过过去六年的婴儿出生总数来估算。只要能满足这一要求,教育部就可以在不超过拨款额度的前提下自由决定如何使用这笔钱建造这五所学校,例如规划学校的位置、建筑设计、设备配置等。

1986 年,我在成为财政部预算署的常任秘书之后,又推动了将预算系统由"项目预算"到"部门预算"的转变。每一个政府部门作为一个整体都会得到一定数额的资金,这些钱由它们自己掌握和支配。在这个给定的额度之下,每个部门可以自行决定需要优先资助的项目:把钱花在哪里,花多少,什么时候花。同时,它们也要为自己的支出承担全部责任。最终它们需要向内阁证明,这笔开支已经实现了此前预期的目标。

为了避免虚报、欺诈和腐败现象的发生,每个政府部门必须严格遵循财政部制定的程序规则来使用所有的拨款。所有实际的结果将要由新加坡总审计长来进行检查。作为常任秘书,我所带领的委员会就致力于计划和制定出这样一套清晰的便于管理的程序规则。

总的来说,我们采用了一种公开的、透明的、以市场竞争为基础的公共物品买卖系统。对于政府购买商品和服务、出售土地或者其他资产的行为,首先一定要在报纸或者相关部门的网站公开声明,清楚地标明物品的规格和各种交易条件,最重要的是一定要给有兴趣的单位或个人充裕的时间,让他们能够及时作出回应。

"部门预算"是不是就意味着财政部对于政府开支采取了一种撒手不管的态度呢?事实正好相反,我们的责任反而更加沉重了。虽然是由内阁会议制定国家发展的优先项目,但是我们这些人必须为这些开支寻找收入的来源,我们必须保证财政收支的平衡。

就像我经常跟其他部门的同事说的那样,财政部是负责收钱的"右手",这只"右手"一定要比负责花钱的"左手"长。像新加坡这样的小国,必须努力保证财政预算的结余一年一年地延续下去。也就是像政府强调的那样，在整个经济周期里都要保证财政收支的平衡。

如果我们允许政府陷入长期的财政赤字危机，那么新加坡就将面临货币贬值的危险。稳定的币值是新加坡经济增长不可缺少的必要前提。而稳定的经济增长又是国家政治稳定的基础，它会为我们提供经济增长和政治稳定的良性循环。

第七章　新加坡经济建设的领导者

在新加坡的经济建设过程中，那些政治领袖们所扮演的角色和他们与其他公务员的关系是至关重要的一个因素。在新加坡的发展史中曾出现过无数出类拔萃的政府公务员。我接触过一些对新加坡的发展作出巨大贡献的政治领袖和公务员。我非常愿意和大家分享一下个人的经历。而且，如果我们回忆一下当初人民行动党取得政权时的经济状况，我们就会更加理解这些年新加坡的发展是多么的惊人。

1959 年 5 月，人民行动党在新加坡第一次全国大选中赢得了政权。人民行动党赢得了 51 个席位中的 43 个，获得全国人民 53.4％的支持率。在 6 月 3 日，新的内阁成立并宣布新加坡成为一个自主的国家。英国殖民体制下的前任长官威廉·顾德（William Goode）爵士成为第一任国家元首。新加坡的第一届政府在 6 月 5 日开始执政，李光耀先生担任新加坡第一任国家总理。

李光耀先生接过这个经济停滞不前和千疮百孔的城市之后，就任命了他最得力的助手吴庆瑞博士担任新加坡第一任财政部长。

由吴庆瑞博士建立的新财政部比过去殖民体制下的旧财政部职能丰富了许多。在殖民体制下，旧财政部的主要职责就是收缴税款，控制政府开销，还有殖民政府中的人事管理。

但是，吴庆瑞博士和他的新财政部意识到他们应该承担更多的职责。

当时面对超过 10％的失业率，吴庆瑞博士建立了经济发展处并任命韩瑞生先生为第一任常任秘书。作为第一任常任秘书，韩先生又把它发展成为经济发展局并担任首任主席。我们当时唯一的目标就是创造就业。

到 70 年代中期,新加坡就实现了完全就业,也就是失业率被控制在 3% 以下。现在我们的经济发展局和人力资源部要解决更为复杂更为棘手的结构性失业问题。虽然失业者非常迫切地在寻找工作,但是他们就是找不到合适的工作,原因有很多:也许是他们的专业技能不对口,或者是整个行业已经转移到了成本更低的其他地方。

在财政部成立之初那几年,George Bogaars 是财政部预算署的常任秘书,也是公务员首长。他曾经跟我说,在英国殖民主义统治印度的时候,人们对财政部的官员都十分敬畏,就像贵族那样,他们走到哪里,人群就会自动给他们让出一条路来。

也许新加坡以前也出现过这样的情景,但是到了 60 年代,我们的魔法已经消失了。但是我们还是有一个最有利的保护伞,那就是固执地对一切说"不"。

吴庆瑞博士教导一些年轻的公务员,如果有其他政府部门的人来请求财政拨款,不管他们的理由多充分,财政部的人都要本能地把目光转移到别处,然后告诉他们"不行"。这个部门的人肯定不会就此罢休,一定会再来第二次。同样,对他们的第二次请求我们还是要坚定地说"不行"。他们还会再来找我们第三次。这次我们就可以答应批给他们所需的一半的款项。因为他们这种坚持不懈的精神,他们得到了回报,所以他们就会对你充满感激,而且会觉得很满足。

■ 吴庆瑞博士:说"不"的设计师

作为我们的部长,吴庆瑞博士要求他所领导的所有公务员都采取一种强硬的工作作风。我可以举两个例子来说明。

有一次,公共工程部的人来找我们申请一笔资金用于解决武吉知马路上的洪水问题,吴庆瑞博士断然地拒绝了。在 60 年代的时候,武吉知马河每年都会爆发两到三次的洪水,阻碍所有的私人车辆和公交巴士,所以公共工程部的人就想通过重新规划河道来彻底解决这个问题。但是吴庆瑞博士跟我说,花费几百万新元只是为了让一些人能按时回家吃上晚饭,这个理由不够充分！

另外一件事，就是他拒绝了在新加坡修建公共游泳池的申请。他认为，人们可以在海边游泳，那样更省钱。原则上，他还准备给每一个学生一定的车费补助，让他们去海边游泳，这样比修建游泳池便宜多了。

但是，吴庆瑞博士也并不是永远这样理性到不近人情，他也有感情细腻的一面。为了打破裕廊工业区到处是工厂烟囱的呆板景象，他特批了一笔资金用来在附近建一座新加坡飞禽公园，然后不久又建立新加坡动物园。他之所以先建立飞禽公园是因为喂鸟的花费比喂动物的花费低得多。

情况需要的条件下，吴庆瑞博士会变得像钉子一样坚硬无比。有一天，他叫我去他在教育部的办公室见他，那时他担任教育部的部长。我以为他想要跟我讨论人力资源的计划问题，因为那时我在贸易与工业部做常任秘书。见面后他直接就要求我起草一份报告，建议政府关掉榜鹅区所有的养猪场。他解释说，如果我们把高额的土地费用和所造成的环境污染计算在内的话，自己养猪还不如从其他国家进口猪肉来的划算！

他的观点完全正确。但是我一想到我那个在原产局（Primary Production）当局长的弟弟，就替他感到很惋惜。他和他的同事们花费了很多年的心血才在榜鹅区建立起那些养猪场。

当时榜鹅区的国会议员 Ng Kah Ting 先生（我们都开玩笑地叫他"猪议员"）听到这个政策突然改变的时候惊骇不已。但是作为一位老练的国会议员，他很快就恢复了镇静，马上向政府要求给那些养猪场最大额度的赔偿。在政治领域里，新加坡要学的一课就是政府虽然可以不断地改变计划，但是他们要对他们的判断失误付出代价。如果我没有记错的话，财政部当时给了那些养猪场 5000 万新元的赔款。这些经营养猪场的人也都很有商业头脑，他们改为种植胡姬花和养殖观赏鱼，然后出口。

我在财政部工作的前 25 年都是在经济发展局度过的，我们的任务就是促进投资来带动新加坡经济的发展。我还记得吴庆瑞博士那时这样说：作为经济发展局的主席，我的使命就是去播种，而作为财政部税收署的常任秘书，比莱（J. Y. Pillay）的使命就是去收割我辛勤劳动的果实。

在 1986 年，我被调到财政部的预算署接替 Herman Hochstadt 先生的工作。两年之后,税收署的常任秘书李一添先生被调到货币管理局当经理,我又接替了他的职位,成为税收署的常任秘书。当时我非常开心,心想现在终于轮到我来收割我们经济增长的果实了。

但是,吴庆瑞博士很快就向我泼了一盆冷水。他跟我说,当我还是一个年轻小公务员跟随他工作的时候,我们会犯一些错误,但是这些错误还都无伤大雅,不会造成严重的后果。现在新加坡越来越繁荣了,我肯定还会继续犯错误,但是现在的一个小错误就有可能造成新加坡经济重大的损失!

我认为这是我作为预算部门的官员所听到的最好的建议。我希望所有预算署的常任秘书们都能把这句箴言牢记在心中。

我可以非常骄傲地说,我和我的同事在预算方面的事务上都秉承了吴庆瑞博士强硬和质朴的作风,实现了从 1988 年到 1996 年连续八年的实际的财政盈余。我之所以说"实际",是因为这些盈余是我们从当年的财政收入中扣除掉所有日常和资本项目的开支之后的盈余,还不包括我们的投资收益。这样的财政预算方面的成绩是其他任何一个非石油出口国家从来没有达到过的!

这么多年连续的盈余为新加坡货币的坚挺打下了坚实的基础。当我们在 1965 年独立发行货币的时候,很多经济分析家都对新加坡货币的未来价值不看好。

幸运的是,我们在货币局制度下经受过充分的磨练,我们每一个单位的货币都由一定比例的黄金储备作保证。在 1972 年美国总统尼克松宣布废除美元—黄金本位制度的时候,新加坡实行的就是这种制度。美国的这个决定在很大程度上导致了如今国际货币市场出现的各种问题。

■ 韩瑞生先生:最优秀的管理者

如果我们把吴庆瑞博士比作新加坡经济的建筑师,那么韩瑞生先生一定就是那位最优秀的管理者。已故的韩瑞生先生创造了一批优秀的人才和机构。比莱、丹那巴南、Heng Hong Ngoh 还有我,我们都是韩先生培养出来的,在他的指导下成长、成熟。

韩先生告诉我在管理人员时最好的方法是善于发现并利用一个人的优点，而不是一直唠叨他的缺点。

在我早期刚进入政府部门的时候，韩先生就教会了我如何有效地管理时间。他说，每天早上你的办公桌上都会堆满了一打一打的文件等着你看，最好的方法是首先尽快地把手头上所有的文件都大致扫过一遍，然后从你觉得最容易做的开始处理，那些没有头绪的问题可以先放一放。当然，你不可能永远拖下去。但是，有时候时间的流逝就会把一件事情变得不那么急迫了。

吴庆瑞博士和韩先生都是非常果断的人。如果你把一份材料送到他们那里，你可以确定在当天之内他们就会给你答复或者告诉你该怎么做。

如果你等了两天还是没有收到任何答复，那你就要开始担心了。这种情况通常是部长认为你没有真正理解问题的根本，或者你不具备执行他的决策的能力。也许他已经把你的文件转交给另外一个更有能力的官员去处理了，而你可能就失去了这份工作。

现在，电子邮件几乎是以光速传递着信息和数据，而我们却面临了另外一种风险：我们没有时间仔细思考就要作出回应或者决定。提议多，实际行动少。我们这一代只有 10% 的时间在思考，其余 90% 的时间我们都是在做事，根本没有时间可以耽搁。

我听说，现在的内阁报告开始变得越来越长了。过去，我们规定内阁报告不能超过两页半纸的长度，要用清楚简洁的语言阐明目前面临的问题、给出解决的方法建议，最重要的是要写出你希望采取什么样的政策。

当时的内阁秘书 Wong Chooi Sen 先生有权利拒绝任何双倍行距、长度超过两页半纸的内阁报告，不管是关于什么内容的。那时所有的政府公务员都要看一本经典的书籍——《简洁英语》。一份简短的内阁报告其实需要更缜密的思维，更有说服力的分析。每个字真是和黄金一样有价值！

吴庆瑞博士和韩瑞生先生不仅在思想上指导我们，在许多小事上也是我们的老师。当我刚开始跟随他们工作的时候，每当我提交一份报告给他们，吴庆瑞博士都会用绿色的笔帮我修改所有的小错误。他精确的修改不仅使语言显得更优美，同时更增强了我费尽心机想要表达的论点。

韩瑞生先生不会修改我的文字,但是他自己写的那些书面决策和指示都非常干练,言简意赅。

从他们两个人那里,我学会了思维的清晰、语言的简练,还有超强的说服力。在我看来,成功地处理与朋友或和敌人关系的最关键因素是超强的说服力而不只是胁迫。用现在流行的话来说,就是"情商"和"智商"同等重要。我还想再加上一条,比"情商"和"智商"更重要的是要真诚地对待和尊敬他人。

▊ 政府公务员和企业家精神

在海南话中有一句俗语,说公务员是"吃不饱,饿不死"。在中国的传统文化中,政府官员虽然会受到人们的敬畏,但是也经常是人们嘲笑的对象。

但是我可以骄傲地说,新加坡的政府管理证明了这句话是错误的。在60年代的时候,经济发展刚开始起步,那时新加坡商人的主要构成就是商品交易人、建筑承包商、商业银行家和房地产开发商。现在他们大部分人还依然继续着自己的生意。

因为这个原因,新加坡的经济发展面临许多鸿沟,当时的政府别无选择,只能想办法填补这些鸿沟。

那时没有私人银行愿意给制造业提供长期的贷款。发展融资在当时也是不可能的事情。所以,吴庆瑞博士就让韩先生建立了新加坡发展银行(星展银行)来给企业提供发展所需的资金。

星展银行并不是白手起家,那时经济发展局把他们的选择性项目贷款和财政部一大笔的资金都转移到了星展银行。所以,星展银行并不能看作是一个受流动性制约的商业银行。我们不能期望它通过吸收储蓄和提供借贷来维持下去。它的后台是财政部,这个制定政策的国家机关!

在第一任主席韩瑞生先生卓越的领导下,星展银行逐渐发展成为一个全方位的国际化银行,可以跟世界上最好的银行一起竞争。我为那些曾经领导过星展银行发展的常任秘书们感到骄傲,他们依次是韩瑞生先生、侯永昌先生、比莱先生和我,还有前内阁部长丹那巴南先生。

谁说政府公务员不会管理银行？在最开始的阶段，我们当中的许多人都不得不扮演政府企业家的角色。

但是在我们这些政府企业家中，吴庆瑞博士无疑是最杰出的一个。除了经济发展局之外，他还建立了裕廊集团、星展银行、海皇轮船、胜科工业、三巴旺船厂，甚至还有新加坡国际贸易有限公司。他的最大贡献还是建立了胜利集团，也就是后来的新加坡科技集团。

在担任新加坡国防部部长以后，吴庆瑞博士又创立了特许工业公司、新加坡船厂、新加坡航天集团以及新加坡食品工业公司。目前，新加坡科技集团依然是国防工业的主要生产单位。

我在 1981 年到 1991 年期间在胜利集团担任主席的时候，非常开心地看到在这些年里杨烈国先生和他带领的年轻工程师们一步步把国防工业建设成为今天的样子。但是我唯一的遗憾就是国防工业也是我们最后一个体现国家企业家精神的领域了。没有了吴庆瑞博士，我们没有了发动机。

■ Woon Wah Siang 先生的"可以做"精神

没有人能比 Woon Wah Siang 先生更能代表我们这一辈开拓者所具有的"可以做"精神。Woon Wah Siang 先生是吴庆瑞博士在社会福利部工作时的同事。当吴庆瑞博士成为财政部部长的时候，他就把 Woon Wah Siang 先生招进了政府部门来帮助他做事。

Woon Wah Siang 先生面临的第一场考验是建立社区活动中心来取代以前的人民行动党支部，在 Barisan 社会主义前线从人民行动党分离出来的时候，这些支部也就随之消失了。那时的情况跟现在大不一样。如果没有这些以锌铁皮当屋盖的简易社区活动中心，李光耀先生带领的人民行动党的民主派就会失去广大基层群众的支持，这是他们赖以生存的基础。

Woon Wah Siang 先生是那种先斩后奏的人。他会先去建造，建完了之后才去申请批准。（令人尊敬的前公务员首长、前国防部部长侯永昌先生也是这样一个人。）

我第一次和 Woon Wah Siang 先生接触，是吴庆瑞博士决定要在圣淘沙岛上修建一个高尔夫球场来接待日本游客的时候。吴庆瑞博士让我去找当时担任裕廊镇管理局主席的 Woon Wah Siang 先生。这位人称"裕廊市市长"的 Woon Wah Siang 先生以他的"可以做"精神而出名。就像吴庆瑞博士说的那样，如果你让 Woon Wah Siang 先生把一个人送到月球上去，他也会马上回答"可以"。

所以，当我这个政府部门的小学徒把部长要在圣淘沙岛上修建高尔夫球场的计划传达给他的时候，Woon Wah Siang 先生毫不犹豫就接受了这个挑战。现在那些在丹绒球场开心地挥杆击球的人很少知道，这个被评为世界上最美的球场之一的圣淘沙高尔夫球场是由一位根本不打高尔夫球的人修建起来的。

Woon Wah Siang 先生不会打高尔夫球，这更能说明如果一个政府官员下定决心要做一件事，那么他一定会成功。Woon Wah Siang 先生还修建了裕廊飞禽公园。

修建一个高尔夫球场和经营一个高尔夫球场又是两码事。吴庆瑞博士让我去找李金耀先生——一个著名的律师和高尔夫球爱好者——负责经营这个高尔夫球场。李金耀先生作为圣淘沙高尔夫球俱乐部的主席，带领着他那些高尔夫球爱好者朋友们把这个俱乐部发展成今天的样子。他的哥哥李光耀先生出席了俱乐部的开幕仪式。在那次很有纪念意义的发言中，李光耀先生说，世界上没有其他任何地方可以像圣淘沙这样让球手们一边打球，一边欣赏远处海岸线上浮现的巨轮。

参与建立圣淘沙高尔夫球俱乐部的经历让我从吴庆瑞博士那里学到了关于管理方面的珍贵一课。他有知人善用之天分。

胡赐道博士和新加坡消费税

在我整个政府部门的职业生涯中，只有一个新税种我不是很赞成但是不得不执行的，那就是商品与服务消费税。这个税种的经济学理论依据非常简单。除了对香烟和汽油征税，我们需要一个消费税的新来源。因为那时我们需要弥补降低收入所得税以及对新兴工业给予税收减免导致的财政收入的减少。

我们当时意识到必须降低收入所得税,从而刺激和鼓励经济发展。这样做从长期来看可以增加我们将来的税收基础。但是,我们还需要一定的财政收入来支付目前政府的日常开支,所以,就选择了消费税。

当然,对这样的新税种支持和反对的声音都会存在。但是,最困难的问题还是如何去执行这个新的消费税。幸运的是,负责执行这个新消费税计划的部长是曾经担任壳牌东方公司主席的胡赐道博士。

胡博士是在激烈的商业竞争中磨练出来的人,他知道消费税是不会受到大众欢迎的。所以,他决定把最开始的税率制定在 3％,就像蚂蚁咬的一小口。纳税对象的范围只包括那些年营业额超过一百万新元的企业。就是这样一个小小的措施,使得财政部避免了从所有企业征收消费税的高成本,同时也避免了引起成千上万个小商户的不满情绪。

为了尽可能地抵消征收消费税对低收入者造成的影响,财政部在管理费用和其他消费税方面给予政府组屋住户一定的回扣。所以,总的来说,消费税的征收对政府的财政收入没有什么影响。

这种温和的渐进式的政策使得我们能够平静地引入了消费税,而没有引起任何政治争论。而在其他国家,财政部长因为引入这样的消费税而丢了饭碗的大有人在。

■ 一口气把药吞下

胡博士采用蚁食的方法成功地引入了消费税,但是财政部部长不能总采用这么温和的做法。早期的财政部长韩瑞生先生在面对 1972 年石油危机引发的石油价格飞速上涨时,他就丝毫没有退缩,采取了强硬的措施。

在李光耀总理的支持下,韩瑞生先生决定新加坡人必须一口吞下这颗苦药。所有石油和汽油的价格一下子上升到了国际市场水平,那一年的通货膨胀率就高达 20％以上。

这个痛苦的经济调整是在很短的时间内完成的。从那以后,我们就再也没有回头。这也是一个最正确的选择。那些不愿意面对现实的国家在很长一段时间里备受煎熬。

这也是新加坡的一个特有的策略：一口气吞下苦药。但是这并不是我们唯一的策略，当然也不能适用在所有问题上。

对建筑业公司聘用持有工作准证的外国劳工征税就是一个对上述策略的例外。如果没有这样的课税，聘用这些外国劳工的成本就会更低，他们就会把新加坡工人挤出这个就业市场。所以在这件事情上，政府没有强迫新加坡公民去一口气吞下这个苦药。因为在新加坡，国内劳动力还属于短缺"商品"，所以对外国劳工征税在我看来就类似于对进口商品征收的税，只不过在这个问题上，进口的"商品"是流向建筑行业的劳动力而已。

虽然每一项政策的最高决定权都在政治首领的手里，但是在主要的经济和财政问题上，总理应该避免越权的行为，阻碍部长的决策。现在的政府管理越来越依赖一些主要绩效指标，人类的本性就会使得那些部长们和常任秘书们都按照他们自己的想法和方式去管理各自的部门。如果这种情况发展到极端，主要绩效指标就会威胁到各个政府部门之间的和谐与团结。

而总理作为内阁成员中权力最高的人，在关键的政治和经济问题上必须小心翼翼保持非常精确的平衡。他必须从全国人民和整个政府的利益出发来制定决策。这件事说起来容易，做起来却很难。

作为财政部的一员，我认为在经济和财政方面的事情上，财政部部长应该是实际意义上的最高决策者。我清楚地记得，有一次一个其他部门的部长向李光耀总理抱怨财政部的顽固不化，但是李光耀总理告诉他，如果他想要说服总理，那么他要先能说服吴庆瑞博士！

在我看来，不管一个部长的政治实力有多强，计划有多好，总理也不能允许他跨过财政部长那一个门槛直接到总理那里要求帮助。

我的分析非常简单：任何国家财政部的主要职能都是保持财政预算的平衡。说得更明白一些，财政部的工作就是收集足够的款项用来支付整个政府的开支，而不需要去借钱或者采用更糟糕的做法——让货币贬值。我非常自豪的是，我所工作过的财政部就做到了这一点。

在我职业生涯的开始，我就认识到一个政府官员永远不可能单飞。我们必须和整个队伍一起飞行。我跟随的第一个常任秘书韩瑞生先生非常生动地给我讲明了这个道理。

我最开始加入财政部新成立的经济发展处时,工作人员一共只有我们四个人:吴庆瑞部长、常任秘书韩先生和我这个行政助理,还有一个办公室文员 Sani。韩先生跟我说,Sani 和我们其他任何人一样是这个小组中的一个成员。当时 Sani 掌握办公室的所有钥匙。

作为唯一的行政助理,我必须是这个部门最得力的助手。当时我手下没有任何秘书或者高级秘书向我汇报。不像已经发展成熟的财政部的其他部门,那些有经验的秘书或者高级秘书会为这些年轻的行政官员准备好各种备忘录,起草好各种文件送给他们签字,在这里我只能自己去做所有的事情。

但是非常幸运的是,我有两位最伟大的导师:吴庆瑞博士和韩先生,我直接跟随他们两个工作。他们不仅仅是我的老板,也是我工作和生活中各个方面的老师。他们教会我清晰的思维和果断的决策。如果没有他们,我的职业生涯不可能如此成功。

■ 经济发展局主席

当韩先生成为财政部部长,我成为他的常任秘书的时候,我问过他,哪一个工作更有意思。他微笑着告诉我,他很羡慕我。那个时候我还同时担任经济发展局的主席。

作为部长,他的责任就是制定决策,按照他的话说,就是用笔签几个字而已。作为经济发展局的主席,我可以享受完成某些事情的乐趣。所以,韩先生说经济发展局是更能让人感到满足的工作。

他这样说是因为经济发展局战斗在最前线,吸引跨国公司到新加坡发展制造业,为我们的毕业生创造成千上万的工作机会。

到了 70 年代中期,新加坡已经实现了完全就业,而且要解决由此产生的"跳槽"的新问题。那时劳动力的流动性很高。这个问题我们并不感到厌烦,相反,我们对此还喜闻乐见。

当然,没有永恒不变的状态。现在的经济发展局必须为年长工人解决结构性失业的问题。这是一个更棘手的任务。作为经济发展局的主席,我不仅需要思考得更加长远，还必须具备旺盛的精力和热情，就像那些顶尖的企业家和大亨们一样。经济发展局就是世界竞争这个激烈的赛场上新加坡队的大前锋。对经济繁荣这个目标不懈地追求不适合那些懦弱的人。只有最勇敢最无畏的球员才能在这场比赛中为新加坡队进球。

我愿意把那些在财政部工作的人比作新加坡球队的后卫和守门员，他们在后方确保没有人会向我们进攻，或者退一步说，至少保证没有人能把球射到我们的球门里。幸运的是这些年很少有这样的情况发生。

1979 年，财政部下属的经济发展局发展成为一个独立的政府部门。新的贸易与工业部变成了一个经济部。同财政部不一样，新的贸易与工业部被给予更多的自主权。在吴庆瑞博士和韩先生的带领下，经济发展局和贸易与工业部的官员们协助其他部门执行他们的经济政策，促进整个经济的发展。

有时候，其他政府部门的人员会觉得经济发展局和贸易与工业部的人太过强硬，要求过于严格。我们在社会经济的许多方面提供了核心知识和发展的原动力，例如劳动力、工资政策、教育、人才计划、税收激励、住房，甚至是运动和休闲。唯一在我们影响的范围之外的就只有国防事务了。

国防部

吴庆瑞博士 1965 年当上国防部部长的时候，突然发现自己现在站在了与以前相对的立场上。也许是害怕财政部一贯挑剔和数豆子（小气）的作风，他说服了总理李光耀先生每年按照上一年国内生产总值固定比例的金额划拨给国防部，作为国防部的预算开支。

只有以新加坡总理为主席领导的国防理事会知道这笔钱用在哪里。而其他部门的预算申请都要通过财政部预算署这把精细的"梳子"一遍遍地"梳理"、审核。国防部是第一个被授予这种"特殊专款"的部门。有了这笔"特殊专款"，这个部门就可以随意支配购买他们最需要的东西，只要开支能控制在预算之内。而部门的常任秘书则需要协调和平衡部门内部的各种需求。各个部门的发展目标都是由内阁成员讨论决定，并排列出优先级别的。

在 1960 年到 1970 年之间，新加坡先后经历了从自治到独立的转变过程,当时亟待解决的问题就是就业和住房。新加坡政府预算的一大部分都用在了基础设施建设、工业化培训还有低成本住房上面。

1965 年新加坡宣布独立以后,国防和国内安全问题就成为当时最需要关注的焦点。所以,国防部的开支就提高到了大约占整个国家预算的 25%。到了 80 年代初期,新加坡实现了政治和经济的全面稳定,我们就开始把重点转移到国家的教育水平问题上。从那时起,教育方面的开支和国防方面的开支基本持平。

当一些政府部门无法从财政部那里获得批准所需的全部预算开支时,他们当中的一些人就会把财政部预算署的人称作"数豆子的吝啬鬼"。因为我有在两边都工作过的经验,所以我明白财政部这样仔细地"数豆子",其实是为了保证每一个人都能分到几颗豆子,这是唯一的办法。

为了更好地完成工作,预算署的常任秘书必须恪守客观和公平的原则。在为财政部准备提交到内阁会议上的预算建议报告时,他不能对任何人怀有偏向心理或者恐惧心理。他也应该避免去猜测内阁成员的想法,更不能让自己的个人主观臆断影响他的客观分析。最终是由全体内阁成员来决定每一年的预算报告是否能通过,当然也包括税收政策。作为普通的公务员,我们应该让那些部长来做最终的政治决策。

在 40 多年的公务员生涯中,我总结出了一条经验,那就是政治是所有国家政策的基础。在民主制的国家就更是这样。我这样说并不是指所谓的"肉桶政治"或者"政治分肥"。我的意思是,政府必须征收到足够的税款才有可能支付所有的政府花费。如果政府为了得到一部分人的选票而在政府开支上偏向他们,那么,他们很可能会得寸进尺,要求越来越多。

1986—1999 年我在财政部预算署担任常任秘书的时候,一直尽可能地保证决策上的公平,没有忽略过任何一个部门。我没有让任何人成为贫穷的"灰姑娘",被其他的姐妹们夺走本应该属于她的关注和资源。我把自己看作是一个大花园的园丁,有些人也许会认为在整个花园里种满娇艳的玫瑰是最美的,但是我更喜欢一个百花齐放的花园。我个人的预算观念是要顾及到社会和经济领域的所有方面。当然,针对不同时期的发展情况要有一个优先级别的划分,一般是由李光耀总理领导的内阁成员们决定什么是应该优先发展的。

■ 国家工资理事会和工资调整政策

70年代末期,国家工资理事会所采取的工资调整政策在很大程度上是由我和新加坡早期的经济顾问温斯敏博士决定的。事实上,是我们两个人主张让新加坡的工资水平两三年之内快速上涨,从而促进经济结构的调整。

当时我们也遇到了不少阻力,报纸上和一些反对的人指责我们的想法是"新加坡的高工资政策"。批评者更是认为1985年的经济衰退就是由我们这个错误的政策导致的。过了这么多年以后,我可以平静地回顾这件事情,思考我们到底哪里出了错。但是我依然可以肯定,我们的政策分析是很合理的。

唯一出错的地方就是在这个政策的执行过程上。在1960—1970年我们经济发展的第一个阶段中,经济发展局取得了惊人的成绩,到了70年代中期我们已经实现了完全就业,甚至出现了大量"跳槽"的现象。那些跨国公司的经理都开始抱怨他们招不到足够数量的员工。

那时国家工资理事会采取的主要策略还是限制工资涨幅的政策,在经济学家的术语里,劳动力的收益比重在下降,资本的收益比重在上升。所以,雇主对劳动力的需求远远大于市场上劳动力的供给。一些有远见的雇主那时就把他们劳动力密集型的工厂转移到了其他劳动力充足而且成本较低的邻国。我们的经济奇迹还在继续上演,但是由于我们的劳动力短缺,而国家却依然把工资控制在很低的水平,许多人都认为这是个潜在的忧患,而不是一个值得高兴的事情。

所以,作为国家工资理事会成员中经济发展局的代表,我和温斯敏博士一起说服了代表雇主和工会的成员,让他们同意采取一些转变。我们就从之前的工资涨幅限制改变为未来三年的工资快速上涨。这个措施帮助我们把国民生产总值中劳动力的贡献提高到了跟资本的贡献相等的水平。我们希望那些落后的生产者,如果他们不能负担得起高工资,就必须把工人释放出来,从而使那些效率较高的雇主能够聘请到更多的工人。这就是我们的理论。

但是，现实并没有按照我们这些经济学家预期的那样转变。在没有工资涨幅限制之后，工资一下子扶摇直上。而一些公共部门，虽然没有面对任何市场竞争的压力，同样毫不费力地提高了工资。工资的增长跟工作的效率没有任何挂钩，生产效率停滞不前。

其实问题的主要错误在于，国家工资理事会每年只建议了一个统一的工资增长比例。虽然他们很谨慎地提醒雇主，他们建议的涨幅只是一个参考依据，不是必须遵守的规定，然而大多数人力资源部经理就直接按照他们建议的幅度提高了工资，包括政府部门工作的人。作为最大的一个雇主，政府这样的行为就为其他经济部门树立了一个标准，最终国家工资理事会的建议实际上就变成了各部门都采用的全国统一标准。

一些有能力的雇主还能把工人的边际劳动价值维持在他所付的工资之上。他们也许庆幸自己可以轻松地解决问题，还不用面临提高生产效率的压力，但是等到哪一天他们突然发现自己面对这样的压力的时候，已经为时过晚。这是一个典型的"温水煮青蛙"的例子，开始的时候青蛙还在享受逐渐升高的水温，等到它意识到危险的时候已经没有了力气，只能被开水烫死。

另外一方面，有一些行业的工资水平已经超过了工人的边际生产价值，但是对进口外国劳工的征税保护着这些人的利益。在我看来，对外国劳工征收的工作准证费用是一个错误的、甚至有些偏执的政策，但是国家工会组织却一直在坚持。出于政治目的，政府也不得不支持这个政策。一些批评家认为，1979 年采取的高工资政策直接导致了 1985 年新加坡的经济萧条。

回顾过去，我们应该问问自己这个问题：国家工资理事会是新加坡最大的失误吗？答案毫无疑问，当然不是。我们在 1972 年新加坡实现完全就业的时候建立了国家工资理事会。从荷兰的经验中吸取了教训，温斯敏博士建议我们建立这样的机制使得工资可以稳定的增长，否则就会像荷兰那样，工资爆发性的突然增长。

国家工资理事会是由雇主、工会和政府三方合作建立起来的。每年在公布了国民生产总值、通货膨胀率这些数据以后，我们就会召开一个星期的会议。我记得我在那里工作的那些年，国家工会组织的秘书长 Devan Nair 是工会的代表，新加坡雇主协会的主席 Desmond Neil 先生代表所有雇主，公务员首长和我（我当时担任经济发展局主席、贸易与工业部常任秘书和劳工部常任秘书）作为政府代表。新加坡国立大学经济学系的主任林崇椰教授担任国家工资理事会的主席。

作为一个经济学家，林崇椰教授一直坚持每年工资的增长率不能超过上一年劳动生产力的增长率。我对此十分赞同。如果当年的通货膨胀率超过了正常水平，我们就会在按照规定幅度提高工资水平之后，再给低收入者一笔固定数量的资金做补偿。否则的话，因为他们的工资基数比较低，按照一定比例提高的工资不一定能够弥补通货膨胀引起的生活成本的提高。

不管怎样，国家工资理事会的政策在那个阶段还是起到了作用，工资的调整体现了连贯性和公平性。在很长一段时间里，新加坡都保持了劳动力的稳定。我们还可以不断地吸收外国的投资，维持充分就业。

然而，国家工资理事会的政策不能有效地加速新加坡经济结构调整的步伐。结构性的经济增长很大程度上依赖于技术水平的升级和教育水平的提高。众所周知，培训和教育是一个长期的过程。过去 10 到 15 年间中国和印度的逐步开放使得我们的一些工业和商业站在了高成本的危险区。跨国公司已经在逐步把他们劳动密集型的工业转移到这些低成本的地方。

令我们矛盾的是，经济发展局努力吸引进来的一些新行业却无法在新加坡找到接受过培训或者具有较高技术水平的劳动力。我们只好不断地从中国和印度引进一些高中毕业生来充实我们较高级别的制造业和服务业。

我们的教育体制应该致力于给每一个学生尽可能地打好科学、数学和语言方面的基础。这样的话，在以后面临行业结构调整时，他们就能够轻松地接受培训和再培训。

在早期的时候，经济发展局可以和一些跨国公司合作，例如飞利浦和精工等等，把我们的毕业生培训成为技术精湛的机械师和制图员。在这个过程中，新加坡必须牢记一点：技术和才能要紧紧跟上科技的发展。我从国家工资理事会的经验中学到的最重要的一课就是，工资的上涨只能建立在技术水平和生产力的提高之上。知识是在竞争中获胜的新武器。

财政部是队长

之前我曾经把新加坡比作一个足球队，各个政府部门是这个球队中的不同角色。说到财政部的时候，我说它扮演着后卫或者守门员的角色，是防御的角色。但是我认为财政部的角色不仅仅限于保护我们的球门。作为后卫的财政部，实际上也是整个球队的队长。财政部会指挥中场、左前锋、右前锋、还有中前锋那些球员的行动，让他们能够顺利传球然后直射入门。

经济发展局总是可以很轻松地提出优惠的税收政策来吸引外国投资者到新加坡来。然而，这些税收激励的政策是以财政收入的损失为代价的。所以，经济发展局可以尽管提出要求，而真正的难题留给了财政部，他们需要小心翼翼地控制政府的开支以保持财政预算的平衡。没有一个国家可以年复一年地产生财政赤字而不面临货币贬值的危险。货币的贬值会导致通货膨胀，然后工资上涨，经济又会退回到原点。

新加坡政府回避了在我们看来非常不切实际的"政府补贴—政府借贷—通货膨胀"这样的弱势的循环。相反，我们坚定地维持了一个政府开支决不超过预算的原则。我们所有的开支必须是建立在我们的财政税收总额的基础上。所以，这么多年来我们几乎一直保持着财政预算的盈余，除了90年代末期那几年。

一个稳定的货币和对工资涨幅的限制是我们成功的秘诀。我希望财政部能够继续采取这样值得信赖的原则来引导新加坡经济的发展。那种弱势的政策不适合新加坡。就像吴庆瑞博士经常提醒我们的，对于新加坡这样小型开放的经济体，一个错误的政策几个月之内就能造成明显的后果，而不会几年之后才显现出来。

土地、黄金和储蓄

作为一个政府官员，我这一生写过无数篇报告，其中大部分都是程序化的报告，例如年度经济报告、临时性会议报告、预算报告、项目建议书、人力资源计划,甚至是国庆日颁奖的致辞。

一些部长,特别是吴庆瑞博士,有时会要求我们起草内阁会议的政策建议书来考验我们。我第一次协助起草的内阁报告就是《土地收购法》的议案。当时发展裕廊工业区所需的大部分土地都是裕廊郊区的私人地产,如果我们采取西方国家的那种策略,按照土地未来的潜在价值来进行补偿的话,国家就要付出一笔非常大的资金。

作为经济学家,我认为我们应该按照开发之前的价值来收购土地,而不是开发之后的价值。我的理由非常简单:出售人作为土地所有者,他们没有对土地的升值作出任何贡献。现在政府在这片土地上投资建设一些基础设施,例如高速道路、公共设施、下水管道等等,使得这片土地的价值上升,如果我们把这部分增加的价值付给这些私人土地所有者,那么对社会上的其他人来说是很不公平的。政府动用了财政资金投入到这些基础设施建设,所带来的土地价值的增加应该归政府所有。

政府在裕廊区和其他一些地方以每平方英尺一角钱的价格收购了那些土地。在完成了基础设施建设和土地平整了以后,政府可以以每平方英尺五角钱的价格出租给那些工厂、企业和建屋发展局。

《土地收购法》为工业区和政府组屋新区的迅速发展打下了坚实的基础。《土地收购法》中也有一项条款允许对原始土地价值的重新评估,但是这个新的评估却落后于市场价格五年。我们对在城市中心主要地区进行的高密度开发所征收的开发费用也是基于同样的经济理论。政府所负担的地铁系统的一部分成本就来自于对这些开发费用的征收。相对的,对公路和铁路的建设和维护费用则是通过"使用权资格"来征收的。

《土地收购法》是经济发展的强有力的武器。但是我们在使用的时候也要非常谨慎,因为它有可能被一些图谋不轨、肆无忌惮的政客滥用。我们需要一些内部的安全保障体系来保证土地收购不会沦为强行占有。

在新加坡,任何部门提出的土地收购议案在送往内阁会议接受审批之前,一定要首先得到法律部的赞同。法律部的部长要先通过这个议案,确定土地收购的目的是为了公共设施的建设,例如修建道路、学校、医院、地铁、政府组屋,或者是工业区。如果土地所有者对政府补偿的土地价格不满意,他们可以到估价上诉局去申请上诉。

我协助完成的第二个政府议案就是购买黄金的议案，对此我个人颇有些得意。就在美国总统尼克松将要把美元的定价与黄金脱离之前的几个月，吴庆瑞博士让我去研究一下黄金的走势，分析美国总统能不能把以美元为中心的国际货币布雷顿森林体系长期维持下去。那时美元是以固定的价格与黄金挂钩，然后所有其他国家的货币以一定的价格比率和美元挂钩。所以，如果有人持有美元并想用它兑换成黄金，美国就不得不按照那个固定的价格赎回美元。

在研究了世界的黄金产量和黄金储备之后，我向吴庆瑞博士报告说，如果我是美国的总统，面对目前的经济萧条和缓慢增长，我会认为维持美元和黄金的固定价格是一个很大的负担，就像穿着紧身衣一样。就在尼克松总统开始行动之前的几个礼拜，新加坡以每盎司40美元的价格买到了我们的第一笔黄金储备。从那以后，黄金的价格就一直高居在每盎司300美元以上。我们购买的第一笔黄金可以说是新加坡政府投资公司有史以来做成的最好的一项投资。

在尼克松总统废除了"美元—黄金本位制度"以后，管理一个浮动汇率制度下的货币就越来越困难。作为财政部的一员，我始终认为财政预算的平衡是新加坡货币稳定的最好保障。每次我听到那些投资银行高薪聘请的经济学家们指责新加坡的储蓄过高时，我都感觉很心痛。在我的经济学字典里，永远没有"过度储蓄"这个词。新加坡人都会为我们大量的外汇储备感到自豪，我们也应该明白如果国际上的对冲基金一起来进攻新加坡货币的话，一天之内新加坡货币的价值就可能损失惨重。

如果你问我在政府部门工作中什么能带给我最大的满足感，我会说，精确的分析让我得出了正确的政策建议来指导我们的行动，这是对我工作的最大回报。政府官员们不只是进行管理，我们也必须能够进行思考。

与中国学员对话录

问：大陆的官员到新加坡来，比较感兴趣的是公务员的收入，有句话叫做高薪养廉。我想问严先生,新加坡政府的官员也赞成"高薪养廉"这句话吗?新加坡政府比较廉洁是钱起了作用还是法律或道德?如果低薪,会产生腐败吗?

答:如果你是在 20 世纪 50 年代到新加坡来,当时的新加坡与其他发展中国家没什么两样,处处都是贪污与腐败的行迹。让我告诉你一个关于我自己的故事。我加入行政服务时,我母亲的朋友问她我是做什么工作的,我母亲说她不知道,只知道我成天在写报告。我母亲的朋友告诉她,她的儿子应该当车辆注册官,因为他每发一张计程车执照就能从中获得一万元。

我们的廉洁始于李光耀先生以及其同事。他们是受过高深教育者,志在领导新加坡。他们无私地把不贪污当成政治口号。上梁不正下梁歪,不贪污必须从最高层做起。今天的问题是很多政治家都是腐败的,那也正是部长薪金为什么这么高的原因。那是因为李光耀先生意识到要争取很优秀的人,要他们做出牺牲离开原来的职业,并要求他们尽忠职守,就必须给他们高薪。我们懂得精打细算,我们以六个薪金最高者的平均薪金作为标准,认为符合我们条件的部长级人物应该同属这个级别。部长在新加坡薪金最高的 100 人中。在私人领域里,一个人不会永远在顶尖,得视商业情况而定。这不是个完美的制度,但如果你不能做个好部长,你也可以被革职。

我个人相信虽然部长理应拥有高薪,但他们不应该只为了获取高薪而成为部长,他们必须做好服务人民的准备,否则我们大可从任何一个国家雇用最好的总理,那正是我说一个企业不可能孕育出一个国家的原因。我要说的另外一点是,在新加坡,薪金是透明的,没有隐藏起来的收入。它正如一家挂牌公司,每个股东都有权力询问另一个人确切的薪金。

当大家都贫穷的时候,仿佛没什么大问题。1959 年我开始工作的时候,我的薪金是 680 新元,我其实挺开心的。但当我看到在私人企业工作的朋友赚取数千元时,我就会很生气。我的看法是薪金不是最重要的,关键是你必须承担的工作的性质。1959 年仍很年轻的我把自己视为建造新加坡团队的一分子。事实上,一些生意人曾邀我加入他们的公司但我拒绝了。为国家服务不是为了金钱,当然我们不能要求每个人都成为圣人,你总得提供合宜的生活水平。随着中国经济加速成长,我相信你们的政府会提高公务员的薪金。当薪金提高时,没有多少人会愿意失去一份薪金丰厚的优差,但却不会有受贿的借口。

我曾认识一个菲律宾工业部长,他非常能干,在马尼拉管理一家规模很大的公用事业公司。他是个拥有哈佛工商管理硕士学位的工程师。他为马科斯总统效劳的时候,薪金只是区区的1000美元。我问他怎么过活,他说他能够成为10家私人企业的董事,每个企业每年付他10万美金。如果你是年薪100万美元的工业部长,负责进口保护,你认为你还会把菲律宾市场开放给外国人吗?你不会的。这也正是亚细安没显著成长的原因。很多国家的私人企业都付钱给部长们,以保护它们的市场。

问:严先生,您曾经是CPF(中央公积金局)、EDB(经济发展局)和HDB(建屋发展局)三个重要法定机构的主席。一直以来,CPF能把行政成本保持在低水平,请问您是怎么做到的?

答:行政成本低是因为它原是个很简单的计划。与一般的养老金不同,每个公积金会员都有一个公积金储蓄户头。公积金的作用是养老和为房屋与医药保健储蓄,养老的目的尤其重要。开始时缴交率颇低——雇员和雇主各5%。随着70年代末至80年代初经济腾飞,公积金储蓄缴交率提高至很高的水平,甚至达到40%(即雇主和雇员各20%)。政府这么做是因为担心当人们的工资提高时,他们不会善加处理多出来的款项,而我们觉得他们应使用储蓄购买较大型的组屋。现在回头看,政府鼓励每个人购买较大型的组屋是个错误。事实上,我们应该停留在三房式组屋,那几乎是个规范。

在某种程度上,新加坡家庭把过多的钱用在住屋上,以致现在陷入两难的状态,虽然资产丰裕却缺少现金。我认为政府的错误在于我们太重视由上至下的运作方式,或许我们已经作出错误的经济决策。即使你是个成功的政府,你也得仔细考虑人们到底要什么以及你要给人民什么。

自80年代起,我们也允许人们把公积金投资在单位信托基金上,投资单位信托的行政费用是很高的。在那之前,所有的公积金储蓄都投资在新加坡政府的债券上,政府保证2.5%的最低回报率。对我而言,那是非常好的安排,因为一个普通的新加坡人对于股市和利率等几乎一窍不通。因此,由政府缴付债券利息给人们是比较理想的做法,而它也的确是顺利运作了很久。公积金利率与市场挂钩,我们以三大或四大银行的储蓄利率和定期存款利率为依据。让人们使用公积金储蓄进场投资恐怕是个严重的错误。我当了三年的公积金局主席,我在任内的最后一年要求总经理让我知道多年来所累积的公积金储蓄总额以及它们的用途。在 1999 年,所累积的储蓄约为 1800 亿新元。当中的 900 亿新元用以购买建屋局组屋,剩余的 900 亿新元当中则有 600 亿新元仍保留在公积金户头中,也就是让公积金局帮他们进行投资,其余的 300 亿新元则用以进行投资。我们假设股市下跌了 50%(例如在亚洲经济风暴的时候),公积金会员 150 亿新元的血汗钱已经无迹可寻了。

另外一个说法是每个人都必须为自己的储蓄负责,何况当时很多基金经理到新加坡来,而我们希望在新加坡创造一个金融市场。为他们敞开大门的结果是公积金会员的储蓄投资在股市中,并失去了这些钱财。从这个角度出发,无论新加坡政府多好,它都会犯下战略性的错误。我们应该继续为人们进行投资,而不是允许他们把钱用以投资不同的基金。这是我个人的看法,而不少人也有这样的看法,但新加坡政府则作了不同的决定。

第八章　宏伟的纪念碑、伟大的思想和灵活的政策

20 世纪 60 年代中期,我在经济发展局下属的工业设备处负责土地房产的管理。工业设备处是裕廊镇管理局的前身,它是一个很小的机关单位,只有三四个公务员在那里工作。民事工程处和我们同属于一个上级,但是比我们大得多。我们这个部门里有一位名叫 Robert Teng 的公务员,来自于马来西亚槟城,我们都亲切地叫他德克萨斯 Teng,因为他是那个时候为数不多的从美国德克萨斯大学毕业的马来西亚人。我们部门另外一个公务员是来自吉隆坡的 S. Sadavison,在新加坡和马来西亚分裂之后,他被提升为马来西亚投资发展局的秘书长,这个部门就相当于我们新加坡的经济发展局。

对我而言,在从哈佛大学学成归来以后,一下子从风光无限的投资促进处被派到了这个荒芜落后的裕廊工业区,我不得不承认当时我内心深处非常失望。

在哈佛大学完成学业之后,我还幻想能够平步青云,很快进入管理层工作。但是我的主席韩瑞生先生心里有更好的计划。要做一个好的管理者,你必须具备实践经验,也就是现在管理术语里面常说的要能够做到知行合一。在不了解情况的外人看来,管理土地和房产的工作是枯燥和千篇一律的。但是现在回想起来,我当时的工作一点都不枯燥。

有一天晚上,我都已经下班回到了家,突然接到 Ong Leng Chuan 先生打来的电话,他是普利司通轮胎公司在新加坡的代理商,同时也是新加坡制造业联合会(一个新加坡主要的工业企业协会)的主席。他着急地打电话过来是因为他的工人们已经开始罢工,原因是他们住宿的地方水压太小没有办法洗澡,而水压太小的原因是因为水管太细。

很显然，当时水电局的人不愿意给他们换粗一点的管道，除非经济发展局答应跟他们签订长期协议并且要保证需求能够到达一定的水平。对电力的供应他们也提出了同样的条件。水电局的人也许不相信经济发展局会支持吴庆瑞博士"异想天开"的提议，真的会在新加坡建立一个工业园甚至是制造业的基地。作为财政部下属的一个单位，经济发展局就跟他们签订了长期的协议并立下担保书。在这件事情上，我们的担保从来没有出现过半点差错，裕廊区的工业园一步步逐渐发展壮大起来。

我们也不应该因为此事而批评水电局的人。那时候，我记得有一次已经很晚了，水电局的首席财务官 Tan Beng Lay 先生还专门跑到我们位于富乐顿大厦的办公室，找我和比莱。他想得到我们财政部的批准去华侨银行透支一笔款项，用来支付第二天需要发给工人们的工资。那个时候所有政府部门的资金都很紧张，所以，水电局的人那么谨慎行事是有他们的道理的。

■ 灵活性和"共患难"

这个故事让我联想到了培养善于思索、行为灵活的公务员的重要性。大多数的公务员都喜欢用"工作手册"上的条文做借口，而不愿意动脑子。如果你不利用自己的辨别力去对事情作出判断，那么，你就没有在思考。即使你回答"不行"的时候，你也应该先考虑好。否则的话，你只是乘坐在一架自动驾驶的飞机上。一个"不行"的决定应该和一个"可以"的决定一样经得起人们的审查和争论。一个审计长就应该像审查贿赂一样仔细地检查有没有任何疏漏。

我来举一个我在经济发展局土地房产处工作时的例子来解释这个问题。我们当时在轻工业生产区靠近组屋区的地方修建了一些商店，以便人们购物，还提供其他一些服务。根据"工作手册"上面的要求，我们要通过招标的方式把这些店面出租出去。结果不出我们所料，一些银行以最高的价格竞得了这些地方。

最后只有一间商店还没有出租出去。一位年长的理发师就找到我们说,理发店只是一个小本生意,他没有能力与那些银行竞争,但是他愿意出每个月 400 新元的价钱承租这个商店。这个价钱确实比银行出的价钱低了不少,但是在 60 年代末期,这也不是一个可以轻易忽略的数字。

所以,我就带着这个问题去见了当时的经济发展局主席韩瑞生先生。我建议说把这个商店出租给那位理发师,不管怎么说,理发店也是不可缺少的。韩先生也同意了,但是他提了一个条件,我们只能跟这位理发师签订三年的出租合同。这个理发师不能奢望我们会把商店以这么低的价格永远租给他。不管怎么样,他的生意都会随着裕廊区的发展而增长、壮大,以后我们可以和他续签合同,但是租金也应该逐渐增加。

韩瑞生先生在担任经济发展局常任秘书和经济发展局主席之前曾经是土地局的局长和常任秘书。是他把澳大利亚的"托伦斯"土地登记制度引入到新加坡的土地立法中。在对裕廊区土地的费用征收问题上,他采用了我后来从日本人那里学到的一个策略,那就是"同繁荣,共患难"。

在他的这个政策下,经济发展局没有一次性地征收 30 年全部的土地使用费用,而是以每平方英尺收取 6% 的年值来征收租金。之后每五年会对这个价格进行一次修正,但是最高涨幅不会超过 50%。在 30 年的租期到期之后,如果经济发展局或者裕廊镇管理局认为承租人对土地的利用合理且有效,就可以和承租人再续签 30 年的合同。

通过这种方式,制造商就不需要把他们的大笔资金都投入到土地上。相反,他们可以把更多的钱投资到机器和设备上。另一方面,那些想通过土地进行投机活动的人也被拒之门外。我们不欢迎投机活动,因为它是一个零和博弈。但是我们欢迎那些需要优先发展的行业,因为我们明白,这些行业将会帮助裕廊区走向成功。

在 80 年代中期,政府要求裕廊镇管理局和建屋发展局把他们手中暂时不需要的所有还未开发的土地归还给土地局。虽然政府对这两个机构采取了相同的政策,但是最终造成的经济方面的影响却大不相同。

虽然这两个机构都可以按照目前的市场价格从土地局那里购买土地进行开发,但是建屋发展局可以享受到一个等额的政府补贴。实际上,不管土地局以什么样的价格出售土地,最终建屋发展局都可以从政府那里得到补助抵消所有的成本。这是因为政府要为所有新加坡公民提供公共住房补助的政策。这样的做法使得建屋发展局购买土地的开支实际上成为一个单纯的记账。

但是如果裕廊镇管理局要购买土地，他们就要支付当时的市场价格。这就意味着他们没有其他选择，只能是按照承租人可以接受的价格尽可能地提高房租。这样就解释了为什么工业用地和其他商业用地的价格在新加坡一下子飞涨了起来。

这种政策对裕廊镇管理局和建屋发展局的财务管理造成了直接的影响，但是，它对经济结构的发展造成了更深刻更长期的影响。实际上，我们补贴住房就是在补贴消费，而对工业生产征收的高额费用却是在抑制生产。这不是一条健康的发展道路。韩先生的"同繁荣，共患难"的政策已经不再适用了。现在裕廊镇管理局手中没有任何土地储备，他们无法采取任何灵活的政策，只能以尽可能高的价钱征收地租。这些政策已经过于死板了。

■ 纪念碑和伟大的思想

财政部是如何对待其他政府部门和他们的发展项目的呢？

大部分国家的财政部对待与艺术相关的部门都会像对待灰姑娘一样，只偏心她的其他姐妹而很少会照顾到她。或者像《雾都孤儿》里面的奥里弗一样，总是把与艺术相关的事项排在财政拨款队伍的末尾。财政部的思维方式就是学校和医院永远比音乐厅和剧场来的重要。这就是新加坡财政部对待文化部和艺术部的方式。后来，1991 年的时候，杨荣文准将被任命为艺术部的部长。

杨准将是剑桥大学毕业的工程师。他是一位有思想、充满活力的人，他可以用语言编制出美丽的梦境。他永远都那么精力充沛，更像是一个属于文艺复兴时代的人，在新加坡这样只看价格而不懂价值的环境里，他显得那么与众不同。

所以，最后我终于下定决心，告诉艺术部的杨部长，财政部可以不带任何偏见地考虑艺术部的预算申请，只参考他们项目的内在价值来决定是否批准。但是,财政部这样的思想转变还是没有为不久之后所收到的艺术部的预算申请作好充分的准备。毫不夸张地说,这个申请具有炸弹一样的威力。艺术部向我们申请 6 亿新元的资金用来建造一个滨海艺术中心,当时我们都震惊了。

在这之前,艺术部申请过的最高款项只不过是 5000 万新元,用来翻新维多利亚音乐厅。即使这样的申请,还是经过吴庆瑞博士亲自上阵,凭借他自己超强的游说能力才得到批准通过的。

在经过了最初的震惊之后,财政部很快就恢复了镇定。作为专业的审核人员,我们的习惯就是先看一下整体的缩略图,再仔细欣赏详细的内容。我们粗略地估计了一下,这个艺术中心的营运成本大约要每年 5000 万新元。当时我的代理秘书 Jaspal Singh 很快就在演草纸上进行了简单的计算,结论是这个艺术中心必须每天晚上以每张票 300 新元的价格卖出所有的座位,这样还只是刚够收回运营成本。从我们财政部的角度来看,这个理由就足以驳倒一切争论了。政府一定会要求所有的资本投入都能够收回,至少是在一个合理的期限之内。当我们把这个不愉快的消息通知给艺术部的时候,他们却出奇地平静,没有提出任何争论和抗议。我们还以为事情就这样结束了,但是我们想错了。

我们根本没有料到这位刚毅的杨先生直接上诉到了当时的总理吴作栋先生那里,而吴总理决定由新加坡赛马博彩管理局来资助建设这个项目。而且,这笔资金是在财政预算之外的,跟我们的预算毫无关系。

严格地说,赛马博彩管理局只是新加坡财政部的一个代理机构,他们的收入在年底也是记在财政部的账上。但是修建滨海艺术中心的资金是由未来的财政收入来支付的,财政部没有任何权力去干涉这些钱应该怎么花,因为这些收入还没有实现。

这一次财政部被这种天才的程序上的创新给彻底打败了。但是说心里话,我还是很高兴艺术部这次能打赢我们。如果没有赛马博彩管理局投资这个项目,我们就永远不可能看到这个美丽的滨海艺术中心在阳光明媚的午后银光闪闪,在月色明朗的夜里熠熠生辉。

现在的情况和我们最开始那些艰难的日子大不相同了。我还记得以前财政部曾经毫不犹豫地拒绝当时社区发展部关于修建公共游泳池的请求。因为我们算过，修建和维护游泳池的费用相当于一个人游一次泳需要两块钱的成本。

我们的部长吴庆瑞博士认为，更经济的选择是给每个学生五毛钱的车费，让他们去海边游泳。这就是吴庆瑞博士所说的财政预算强势策略的典型例子。

如果我们这一次也采取吴庆瑞博士的强势策略，冷酷无情地对待滨海艺术中心，我们就不会建造它。取而代之的，我们可能会给每一个新加坡人150元的补助，让他们去一些文化名城例如伦敦、纽约、北京旅游的时候，去听那里举办的音乐会。这肯定是一个顺理成章的提议。我真心希望滨海艺术中心能够每年卖出足够的门票来支付他们的运营成本。否则，一旦某天我们的经济形势变差了，我们就不得不减少在文化方面的政府开支，那样的话滨海艺术中心和其他类似的项目都会遭殃。

我非常幸运能够有很多次机会到北京进行访问。记忆最深刻的就是1979年我第一次去北京。那时中国还没有对外开放，街道上汽车很少。当我们的车辆行驶过广阔的天安门广场时，我的脑海中就浮现出几百年前那些从属国的使节行走在这条大道上准备向中国的皇帝进贡的情景。单单是这宏伟的广场就足以让那些外国使节对中国的威严和实力感到由衷地敬畏。

紫禁城是古代帝王权力的宝座。但是对我来说，紫禁城并不是代表北京的建筑，我们回忆起来的时候，都不会把北京和紫禁城联系起来。对我而言，真正能够代表北京建筑精髓的，是美丽的布局完美的天坛。

天坛所有的建筑都是木质结构的，完全没有用到一个钉子。这是一个人类无限想象力的产物，是无数双勤劳、灵巧的双手制造出来的巧夺天工的建筑。在成本方面，修建天坛的花费跟紫禁城的花费比起来肯定是小数目了。所以说，不一定非要花大价钱才能修建成一个伟大的纪念碑。

在新加坡，当我们财政预算很充足的时候，我们就容易把内容和形式混淆起来。我们的一些高等学府，包括理工学院、研究所，甚至是社区俱乐部、政府部门的总部、执法机构的建筑都非常宏伟气派，富丽堂皇，外表的华丽远远超越了他们真正的使用功能。

　　Melanie Ng Chew 博士曾写过一本书名为《富乐顿的石柱》，叙述了富乐顿大楼的历史。书中描写到过去的富乐顿大楼曾是阴暗破旧的。唯一使这个大楼重新恢复生机的就是在这座大楼里工作的那些聪明的头脑和光辉的思想。现在我开车经过那些明亮耀眼的宫殿一般的玻璃大厦时，我经常会想，在这些华丽的建筑里面进行的各种活动，学习、教课、研究等等，是不是真的实现了这些造价不菲的大厦的价值？

　　这不光是指修建这些大楼所需要的资本投入，其实维护费用可能更高。如果财政部要采取强硬的政策，那么，我们可以马上命令这些大楼的使用者从他们的经营预算中拿出一部分上缴租金。因为他们的经营预算中包括人力成本，我猜最可能出现的结果就是他们会马上降低对空间的要求，减少他们占地的面积。也许还会有一些部门宁愿主动搬到更便宜的地方去。

　　如果你看过日本的经济发展史，你就会知道在"二战"后日本为了重建经济和工业，他们把所有最宝贵的资本全部投入到机器和设备，以及购买新的技术上面。他们尽可能地花最少的钱在建筑上，那时他们的建筑都是很旧的，只要能实现所需要的功能就可以。

　　现在中国也在经历着类似于日本早期工业化过程的阶段。我想现在大家应该了解了为什么中国可以制造出比世界上其他任何地方都便宜的商品，提供最便宜的服务。不久以后，印度很可能也是这样。就像李光耀先生曾经说过的，新加坡必须努力在所有竞争领域降低我们的成本，甚至包括教育和政府管理的成本。

　　李光耀先生曾经评论过他所访问过的许多国家，他发现了一个规律，那就是一个国家的人均国民生产总值是和那个国家国会大厦的宏伟程度成反比的。说得更简单一些，就是国会大厦越宏伟，那个国家的人民就更贫穷。我还想再加上一条，国会大厦越宏伟，民主化的程度就越低。我们新的国会大厦虽然气势不凡，但是还是一个很朴实的建筑。所以，新加坡应该不会出现前面说到的两种情况。

　　不管怎样，政府部门一定要对他们所提供的公共物品的成本时刻保持警惕，千万不能被各种形式的华而不实的纪念碑所诱惑。

第九章　公务员和企业家不同的思维方式

　　我从大学毕业以后就开始进入政府部门工作，一直到 1999 年才退休。在这 40 多年期间，我先后在新加坡财政部、新加坡交通部、新加坡贸易与工业部、新加坡总理公署、新加坡国家发展部工作，并且还曾经担任过一些法定机构和政府下属公司的主席，包括新加坡经济发展局、新加坡建屋发展局、新加坡发展银行（星展银行）。

　　跟那些在非经济部门工作的同事相比，我有更多的机会可以接触到私人部门的一些生意人和企业家。面对同样的事实和数据，公务员和企业家会得出截然不同的结论。例如，同时面对半杯水，公务员会看到那空着的一半，然后得出结论说这里有一个缺口；相反，企业家会看到那注入的半杯水，然后得出结论说这里有一个机会。

　　他们观点的差异来自于不同的思维方式。公务员从公共管理学院学到的是成本与收益的计算，而企业家从商学院学到的是衡量利润和亏损。我想是因为公务员和企业家的出发点不同，目标自然也是大不相同。公共部门的目标是为尽可能多的人提供尽可能廉价的商品和服务，让每一个人都买得起，虽然质量可以维持在一定的水平，但是基本上没有变化，更不可能有产品差异化的分别。

■ 产品差异化

　　我担任建屋发展局主席的时候，有一次带领几位新加坡房地产开发协会的私人开发商去参观我们在裕廊区新设计和建造完成的三个住宅区。当时我们的目的是想把所有这些新住宅楼卖给私人开发商,然后让他们把这些楼盘转变成具备公寓设施的私人住宅再卖出去。

当时,房地产开发协会的主席是我的一个老朋友,他是 DBS 房地产公司的经理。他看了一眼我们新建的楼房然后就跟我说:"你的计划行不通,因为这些楼房一看就是政府组屋的样子。"我当时很惊讶,这些楼房虽然是我们建屋发展局修建的,但是楼房的整体设计却是出自私人建筑师之手。

我无法理解为什么这些私人建筑师设计出来的楼房跟我们建屋发展局的建筑师设计出来的楼房会看起来一样。为什么没有产品差异化呢?

我回到办公室以后,一位建屋发展局的经理非常耐心地跟我解释这个问题:因为这些建筑师都要按照一个固定的成本限制去设计,也就是说,他们必须保证造价不能太高,要让每一个人都买得起。

说实话,当时这个经理的解释还是不能完全说服我。在我当上建屋发展局的主席之后,我发现我很难理解为什么那些在主要地区新建的楼盘看起来却和以前旧的政府组屋没有什么差别。在政府推出政府组屋新的设计、建造和销售计划之后,我们就面临更严峻的考验。在这个新计划下,如果私人开发商在政府的公开招标中成功地竞得政府欲出售的组屋地段,那么,他就可以自己设计、建造组屋,然后按照自己的定价出售。建屋发展局不会干预房屋的出售价格。

这种自由化的政策肯定会受到民众的欢迎。我希望我们可以达到一个更理想的状态:政府组屋的开发商能够建造足够的房屋可以让每一个新加坡人都买得到,而不像现在只有家庭收入在 8000 元以下的人才有资格购买。

商业领袖

《财富》杂志 2005 年 3 月 28 日那一期的封面人物是和蔼可亲的沃伦·巴菲特先生,头篇文章的标题是:我得到的最好建议。注意,这篇文章讲的是那些成功人物得到的,而不是给出的建议。这些人包括:沃伦·巴菲特、杰克·韦尔奇、理查德·布兰森、彼得·杜拉克、梅格·惠特曼、安迪·格罗夫、威菲克·保罗等等 21 位商业界杰出的明星。他们每个人都有自己独特的性格。比较一下巴菲特和布兰森就能发现，他们的性格可谓是天壤之别了。

但是，在读完这一篇文章以后，你就会发现他们都具备一个共同的闪光点。那就是，这些成功的商业领袖都更善于听取别人的意见，听得比说得多。他们会把从父母、老板、爱人、朋友甚至竞争对手那里得到的建议牢牢地记在心里。然而，最终作决定的还是他们自己。他们是领袖，而不是追随者。

在我做公务员的职业生涯中，我有幸和很多商业界的杰出领袖成为了朋友。虽然他们当中没有一个人获得博士学位，但是他们都是极具智慧的人。他们都很重视教育，曾经慷慨地投入大量的资金和时间来帮助我们的中小学和大专院校。他们最与众不同的一点就是永远都精力充沛。他们总是在忙忙碌碌，寻觅和捕捉所有可能的商业机会。可以说，他们就像是动物界里精力最旺盛的百兽之王。但是，他们不是食肉动物，他们经营的生意从来不会欺压到弱势群体。

我对这些人都充满了敬意。这种敬意从我这个新加坡政府管理部门人员的嘴里说出，就更能显示出分量。因为我们这些人，按照我们的前副总理吴庆瑞博士的话来说，就像教堂里的神职人员，几乎不会动感情。

我记录下了一些以前我和九位商业领袖之间的对话。虽然我是他们的后辈——不仅指年龄，也包括智慧，但是他们都把我当作值得信任的人，教给了我很多关于商业和人生的宝贵经验。

■ "要做就做最好的"

我要讲的第一位商业领袖是郭鹤年先生。我第一次遇见他是在 20 世纪 60 年代初期，那时候他和他的一些做大米和白糖生意的朋友决定进入一个全新的领域——经营酒店业务。他们刚刚在人口密集的橘林路上买了一大片的土地。

那时我还是一个在财政部工作的初出茅庐的小公务员。有一天郭鹤年先生到我们位于富乐顿大厦的办公室找我，我问郭先生他想要建造一个什么样的酒店。他告诉我,他和他的朋友正在考虑是不是应该建造一个超豪华的五星级酒店。那个时候新加坡每年的游客只有 40 万人,远远低于我们现在每年大约 800 万游客的数量。所以,当时我就表示不赞成他的提议,建议他们修建一个普通的酒店,降低风险。

郭先生当时就笑了,他跟我说,虽然我们的游客数量不多,但是到我们这里的海滩来游玩的肯定都是很有钱的人,他们只会需要最好的商品和服务。这就是香格里拉酒店在新加坡的第一家旗舰店的开端。事实证明,这是一个正确的决策,众所周知,这个酒店集团后来发展得非常成功。

幸运的是,这个正确的决策是由这位商业领袖而不是我这个公务员做出的,幸好他没有听从我的意见。

■ "先要找到生意"

在 70 年代中期,有一次我非常兴奋地在早报上看到一则新闻,我们新加坡的罗宾船厂从中国那里拿到建造两个海上石油钻井架的大订单。作为经济发展局的主席,当时我很难想象之前从来没有建造过钻井架的 Robin Loh 先生怎样去完成这个合同。我担心的是如果罗宾船厂最后没有办法交货,那就会影响到整个新加坡的信誉问题。所以,我就把罗宾先生请来跟我见了一面。

当我提出那个尴尬的问题时,罗宾先生看着我,惊讶不已。他告诉我,作为一个生意人,他要先找到生意,然后再去想怎么样去完成它。他还说,如果按照我们公务员的思维方式,先要花那么多时间去想好该怎么做,到最后只能是错过了大笔的生意。

在拿到那个合同之后,罗宾先生从美国洛杉矶请来了一个美国海军的设计师帮助他们设计。在中国人的监督之下,那两个海上钻井架在新加坡顺利完工!罗宾先生对将来想要成为企业家的年轻人的建议就是:"先要找到生意。"

■ "建一个环线"

　　Brian Chang 先生来自南非,60 年代末期,他从英国伦敦帝国学院机械工程专业毕业之后便来到了新加坡,那时他希望能到经济发展局工作。但是幸运的是,当时面试他的那个官员拒绝了他,原因是他到这里工作的话就过于"大材小用"了。所以,Brian 先生就只好另谋出路,他建立了 Promet 船厂并成了一名出色的企业家。

　　在我担任交通部常任秘书期间,有一段时间我们在和财政部交涉关于修建地铁的事情,忙得不可开交。有一天早上,我突然接到了他的电话,他在《早报》上看到了我们提议的地铁路线图,他认为我们计划的路线是错误的。他告诉我,东西线和南北线这样的路线只能是早上把上班的人送到市中心,晚上再把他们从市中心送回家。这样的路线,在上下班的高峰期只有一半的路程能派上用场,而且在早上和晚上的高峰期之间的时间,乘客就会很少。Brian 建议我们修建一个环形的地铁路线,理论上,环形的路线在一整天内都会有乘客。

　　但是,最终我们还是按照连接各个政府组屋区的路线修建了东西和南北方向的地铁线。

　　吴庆瑞博士也曾以不同的方式提出相似的观点。他说,如果建造地铁只是为了接送早上和晚上高峰期上下班的人流,那么这个成本就太高了。这个观点其实跟 Brian 先生的是一样的。但是不同的是,吴庆瑞博士认为我们应该选择开发巴士路线,这样更灵活。就像他说的,即使选择发展巴士路线是错误的,那么我们的边际损失也只是最后一辆巴士的成本。但是修建地铁就等于把 50 亿的资金投入到未知的风险中。

　　吴庆瑞博士和 Brian Chang 说的都有他们各自的道理。自从修建了地铁之后,新加坡人的流动性更强了,人们可以搭乘地铁或者巴士到达新加坡的任何一个角落。新加坡变得越来越适合居住,房地产的价格也升高了。

　　在关于修建地铁的激烈争论中,我是坚定支持修建地铁的,因为房地产升值带来的财政税收的增加就足以弥补修建地铁所需要的资本投入。作为财政部的常任秘书,我最大的担忧就是能不能制定出合理的地铁车资来维持所有的营运成本,并且能抵消通货膨胀的影响。我希望公共交通理事会将来再考虑车资上调的问题时能够认真地考虑这一点。

■ "紧跟建屋发展局"

已故的郭芳枫(Kwek Hong Png)先生从最初的五金店起家,成功建立起了一个庞大的房地产企业。他只会讲闽南语,虽然我的闽南语讲得不算好,但是有一天我还是决定去拜访他,问问他采取了什么样的经营策略创造出拥有大量优质地产的丰隆集团。

他非常诚恳地看着我,对我说,他的策略非常简单:每当建屋发展局购买下一块土地准备建立新的组屋区的时候,他就会马上把周围建屋发展局剩下的一些零碎土地全部买下。土地的大小、形状、位置他都不介意。郭先生认为,只要政府计划要改变所购买的那块土地的用途,例如从郊区绿地改为城市住宅区,那么,私人购买的这块土地周围的那些土地也同样可以改变用途。

郭先生是一个精明的生意人,他非常了解政府的思维方式。那些政府官员没有意识到,当建屋发展局购买一大片郊区土地的时候,私人土地所有者所持有的土地就变得越来越稀少,从而也就越来越有价值。是政府的政策给那些像郭先生这样精明的企业家创造了机会,使他们手中的稀缺商品的价值变得越来越高。

■ "赶在中国人之前享受燕窝"

已逝的连瀛洲先生是一个勤奋努力、永不疲倦的人。在战乱时期,他曾经在中国建立了最初的华联银行,第二次世界大战结束后,他又把银行搬回了新加坡。他有很高的"情商",当时他建立的华联银行是新加坡的四大银行之一。

记得有一次新加坡国庆日的时候,在新加坡会议中心举办的招待会上我跟他聊过几句。那是 70 年代后期发生的事情,当时中国的经济还没有开始发展起来。

连瀛洲先生非常相信燕窝的食补作用。我记得他这样建议我:"趁现在好好享受燕窝吧!否则,以后中国人有钱了,燕窝的价格就会高到新加坡人都买不起了。"连瀛洲先生说的话非常正确。如今,燕窝的价钱比同等重量的黄金还要贵。回过头来看,连先生用这样奇特的方式给我上了关于国际竞争的宝贵的一课,这是任何统计数字都无法预测到的。

■ "温水最好"

张泗川(Teo Soo Chuan)先生作为家中的长子,经营着由他父亲张汉三建立起来的家族企业四海栈(See Hoy Chan)公司。该公司是新加坡最主要的大米和白糖交易商。

在苏哈托将军当上印度尼西亚总统之后不久,他给新加坡政府发来一封信函,询问我们是否能够提供一万吨的大米援助印尼一个面临严重饥荒的省份。当时的财政部长吴庆瑞博士为了保持睦邻友好关系,决定答应他们的请求。我们当时也觉得没有必要签订什么政治备忘录,就直接让张泗川先生把大米运送过去,费用由财政部来承担。

其实,这是出于人性本能对一个请求帮助的邻国作出的回复。在这件事上新加坡政府所表现出的良好风范也带给我们很好的回报。在苏哈托总统在位期间,我们跟印尼保持了非常友善的睦邻关系。事实上,几年以后印尼就归还了新加坡一万吨的大米,而且张泗川先生跟我说,归还给我们的大米的质量比我们送给他们的还要好。

这件事情其实很少有人知道,后来张先生跟我聊起此事,他说在面对印尼这样的问题的时候,新加坡最好的办法就是把"水温"控制在"温热"。如果水太凉,就会刺激到印尼,他们会变得比我们更高效,我们就会失去立足之地。但是,我们也不能把水温调得过高,那样的话印尼就会不思进取,沦落成一片混乱,而且,这么高的水温新加坡也会被烫死。张泗川先生用非常简单的话总结出了可以被我们外交部采用的处理印尼问题的策略。

用国际成本做"中国"生意

吴水阁先生在 50 年代从苏门答腊的 Djambi 来到新加坡。他的 Tat Lee 公司发展成为新加坡主要的橡胶和棕榈油交易商,并在印尼和马来西亚设有分厂。他和他的生意伙伴一起建立了新加坡第一个钢铁轧炼厂——国家钢铁公司,通过回收废弃船只的钢铁重新轧成钢筋,用于建屋发展局的楼房建设项目上。

我认识吴水阁先生的时候他刚当上新加坡国际贸易有限公司的非经营性主席。该公司是由吴水阁先生建立,我们当时希望能把它发展成为一个多元化的贸易集团。

可惜,我们的出发点就错了。吴水阁先生是一个不太爱讲话的人,很少对别人使用严厉的词语,更别说对一个政府官员了。但是有一次,他非常着急地要见我,然后很直率地告诉我新加坡国际贸易有限公司永远不可能成功,用他自己的原话,"因为我们给那些管理层付着高额的薪水,他们却做着一些中国的小生意"。

用现在的话来说,吴水阁先生的意思是,我们期望可以拿到国际水平的薪水,可是我们却做不出国际水平的业绩。如今新加坡人都渴望过上国际水平的生活,可是我们也要记住我们必须做出国际水平的业绩。

吴庆瑞博士和鸟粮

吴庆瑞博士是新加坡第一位财政部长。他在莱弗士中学读书时经济学的老师 Silcock 教授,也是我在马来亚大学的经济学老师。据 Silcock 教授回忆,吴庆瑞博士是他教过的学生里面最有经济头脑的。

在吴庆瑞担任国防部长的时候,他建立了以国防工业为主的新加坡科技集团。当时在建立这个集团的时候,他没有花钱购买任何技术,因为这些技术的价格对我们来说都是"天价"。取而代之的是,他采取了一种"逆向工程"的策略,也就是把已经完成的产品拆卸成零部件,然后再研究那里面所包含的技术。在我们当时受到资源限制的条件下,"逆向工程"是公共管理部门可以采取的最好措施。

还有一个生动的例子,他坚持先修建裕廊飞禽公园而不是动物园的想法更能体现他思维中超强的成本意识。1968年在我们参加完华盛顿国际货币基金组织的大会回国以后,吴庆瑞博士就要求我起草关于在新加坡修建一个飞禽公园的项目建议书。

我那时问他为什么不建一座动物园,他很坦白地告诉我,养鸟只需要买鸟粮就可以了,比起动物园那些食肉性动物的饲养成本,养鸟便宜多了。但是需要补充一下,后来吴庆瑞博士还是批准了在新加坡修建一个动物园的计划。事实上,不管是飞禽公园还是动物园,最后都需要靠国家补贴维持经营。

这个故事从一个方面总结了商业人士和政府职员在思维方式上的不同。商人考虑的是"需求"方面,总是想法设法以最高的价格把商品售出;相比之下,公务员考虑的是"供给"方面,他们要尽可能以最低的成本提供最大量的商品和服务。

公务员没有商人那样对市场敏锐的触觉,所以,经常会以低于成本的价格卖出商品,结果就需要政府在资金方面的补贴。商人一旦对市场判断错误,他就要面临经济上的损失。可是如果他的判断正确,那么,将会有一大笔利润落入他自己的口袋。所以,这也导致了公务员和商人的另一个不同点:公务员是根据他的产出得到回报,而商人的回报是他的经营结果,也就是利润。

■ 什么使我夜不能眠

什么使我在晚上无法安然入睡?从1975年到1981年在经济发展局担任主席之后,我就开始经常担心新加坡经济的长期发展形势。

2004年8月12日的那一期《国际先驱论坛报》的封面文章的标题非常引人注目:新加坡经济:是否已经过了最高峰?一个艰难地维持着经济增长

的国家。

《国际先驱论坛报》的评论员提出了一个非常正确的问题。但是，令我失望的是整篇文章的主要内容是一些空洞的政治言论，而没有什么实质的经济分析。这篇文章的标题却可以给我们新加坡人敲响警钟。我想把标题改成"新加坡能否生存下去？"这样也许更合适。作为一个纯正的新加坡人，我相信我们这个民族的本性不是消极地等待命运的安排。即使面对死亡，我们也会奋力抗争到最后。

作为出生于 1959 年之前的人，我们都曾经亲身经历过新加坡这一段经济发展的历史。当人民行动党在那个决定命运的时刻赢得政权时，他们所接手的是一个停滞不前、一团散沙似的经济，失业率高达 10% 以上。只有很少的一部分人口接受过英式教育，但是他们大多数也没有任何技能。那时候的新加坡人主要做的工作就是秘书、教师、护士、司机、女佣。

■ 与其他国家和地区的竞争

我记得在我还是经济发展局的一个年轻小公务员的时候，我曾跟连瀛洲先生和 Eric Meyer 先生一起访问过香港。Eric Meyer 先生来自以色列，当时是我们新加坡经济发展局的第一任主管。我们在香港拜访了一个潮州商人创建的公司，他们生产制造钟表用的金属模型。当时我们很想吸引他到新加坡开一个商店。但是他马上就很不屑地拒绝了我们，说新加坡都是一些经营小买卖的生意人，永远不会有能够制造钟表这样消费品的生产商。他说的这句话，在那时的确是对的。

这件事激励了我们经济发展局扩大对工业技术方面的培训。幸运的是，新加坡能够吸引到一些非常注重实际的跨国公司，例如荷兰的飞利浦、德国的禄莱、日本的精工，他们和经济发展局合作，一起建立起工业培训中心，帮助我们把那些刚毕业的学生培训成为技术人员。

还有一个人必须提到，他就是我们政府的第一位科技顾问，飞利浦公司的 Pannenberg 博士。他告诉我们，基础研究不适合新加坡，相反，他建议我们提高科学技术方面的竞争能力。Pannenberg 博士非常有信心，只要新加坡拥有优秀的工程师和科学家,我们就可以吸引到那些高科技的跨国公司到新加坡投资建厂。

所以,经济发展局就开始要求国立大学扩大在工程专业的招生,同时还积极协助原来的南洋大学转变为南洋理工大学。由杨烈国先生领导的新加坡科技研究局也是在 30 年前根据 Pannenberg 博士提出的计划建立的。所有这些都是为了提高新加坡的工程师和科学家们的竞争力。

我们的三所大学,新加坡国立大学、南洋理工大学和新加坡管理大学都增加了信息技术和其他软技术的专业,为新加坡在金融、银行、出版、广告还有其他传媒行业培养更多具有竞争力的人才。从根本上来讲,我们在教育方面的投资目的就是获得更多的知识来帮助我们更好地利用土地、人力、资本这些资源,从而能够和那些资源丰富的邻国和贸易伙伴竞争。

新加坡必须在所有其他国家的经济金字塔中找到我们的一席之地。因为我们国家很小,人才总数也很少,我们不可能建立一个一体化的自给自足的经济金字塔。事实上,在全球经济一体化的今天,没有一个国家能够这样。

我相信,我们可以充分利用我们在许多方面的专长和经验,在竞争中取胜,例如,船只维修、港务管理、住房和城镇建设、交通和物流、教育和医疗服务、信息网络、商业银行,还有一些新兴的服务业。

我们可以把我们在石油提炼、石油化工、电子、医学等方面的技术出口到那些资源丰富的国家,帮助他们建立工业园区,例如中国和印度。知识为我们"双赢"的合作提供了一个平台。

过去那种认为竞争是一个零和博弈的想法已经过时了。我们的竞争对手永远也不可能从我们手中抢走一个好的政府管理。

最后,我想说新加坡永远也不应该选择走那些捷径,比如说建立赌场,不管它是以什么样的名义。我们过去从来没有这样做。如今,新加坡的经济已经更加强大、健康,我们就更没有必要走澳门那条路。

■ 直觉和远见

面对未来,现在这一代政治和经济领导人应该向过去那些具有开拓精神的领袖们学习,学习他们的直觉、远见和坚韧不拔的意志。他们要学的东西还很多。不管怎么说,谁也想象不到从建立第一个酒店开始,郭鹤年先生和他的商业伙伴能够把他们的事业发展成为一个国际化的连锁店——香格里拉集团。

第十章　公共政策的成功与失败：

新加坡 40 年经验（1960—2000）

■ **新加坡人有多少？分几类？**

在人口增长率还不足以维持目前人口数量的今天，我们很难想象在 20 世纪 60 年代初新加坡的人口增长率曾经高达 4％以上。当时的新生儿出生增长率是 3.6％。以现在的眼光来看，这些数字简直是最理想的黄金数字。但是在那个时候，这却是令人头疼的问题。在当时的情况下，政府不得不采取一家最多只能生两胎的计划生育政策。

在短短的 20 年里，我们的人口增长率就下降到了 2％，然后很快又下降到这个数字之下，这是 70 年代中期的事情。那时我们已经实现了完全就业，也就是说失业率保持在 3％以下。当时出现的"跳槽"现象让雇主们伤透了脑筋。

为什么会出现这样的情况？为什么没有采取任何措施阻止这种趋势？

我们那些人口统计专家喜欢从数据中寻找答案，但是他们的思维方式未免过于死板。如果他们能跳出固定的思维模式，他们就应该注意到当时有那么多的就业机会，已婚女士都希望在外面工作挣钱而不愿意在家生小孩做家务。更糟糕的就是连那些单身女性都为了工作而放弃婚姻。

那时虽然生育率已经在下降了，但是卫生部和家庭计划局依然"乘坐在那个自动驾驶的飞机上"，继续采取对第三胎的惩罚措施。

当我们开始被那些快速下降的数字惊吓到的时候，我们采取了移民政策来填补在人才方面的欠缺。那时财政部的贸易局开始引入了"投资计划移民制度"。

新加坡周边国家的商人们只要能在新加坡存够 100 万新元的储蓄，就可以携带他们的家属到新加坡定居，成为新加坡的永久居民。他们可以根据我们提供的一个行业清单选择他们喜欢的行业进行投资。这就是 Nat 钢铁公司、OG 服装公司、马来亚钢管公司等等其他许多中小企业在新加坡的开端。

即使当时经济发展局在想方设法地从国际市场中寻求就业机会，但是我们这群战斗在创造就业的最前线的人逐渐意识到，新加坡远远达不到一个工业化国家必需的人口基数。我们当时的人口总数还不到 300 万。

400 万、500 万、600 万，这些数字有什么重要意义？我们经常拿新加坡和瑞士、以色列、瑞典这样的国家相比。我们城市规划局的专家们在详细研究地图以后制定出新加坡最优的人口数量以及分布。

但是这并不是问题的关键所在。如果单单是数量决定一切，那么像中国和印度这样的大国早在很多年前就应该统治世界了。事实上，直到现在他们开放了经济以后，实力才慢慢显示出来。

像新加坡这样的小国的出路在哪里呢？

世界经济的竞争已经从以土地、人口、资本等资源为基础的竞争转移为以教育、科学、技术、管理为动力的知识领域的竞争。人口数量已经不再是决定因素，即使它过去曾经起到一定作用。现在起决定作用的就是人民平均的受教育水平。

当我在 70 年代担任经济发展局主席的时候，日本住友公司的前总裁山下先生告诉我，日本的制造业之所以这么发达是因为日本人的平均受教育水平是高中（相当于新加坡的 A 水准）。他同时强调，最重要的是提高绝大多数人的受教育程度，形成一个较高的平台。

在那个时候，新加坡确实没有这样一个较高的人均教育水平平台。事实上，我们有几位学术水平非常高的总统奖学金获得者，也就是为家族和国家争了光的那些现代殿试学者。但是山下先生对我所说的更深一层意思是,一个好的教育体制不应该只着重于培养少数特别优秀的学者,而是应该提高国家整体的受教育水平。他认为一个较高的平台比一枝独秀要好。

那么,哪一种情况更适合新加坡,更有利于新加坡的经济发展呢?当然我们可以说两者都要,但是还是需要有一个优先级别的问题。我认为要回答这个问题,就必须先转变新加坡国人的观念。如果我们继续推崇"一枝独秀",那么,我们就必须准备回答接下来的这个问题:任人为贤是何时结束的?精英主义又是如何开始的?

过去我们曾认为新加坡的人口太多了,所以,除了能提供100万新元储蓄的投资商,我们把其他所有人都排除在外。当后来的出生率低到不能维持目前人口数量的时候,我们一下子就惊慌失措了。然后,我们又制定了针对香港公民的落地移民政策。只要没有犯罪记录,任何香港公民都可以在他们到达新加坡樟宜机场的时候申请新加坡永久居民的身份。但是,即使是这样,还是有很多香港人对此不以为然。

少数的香港人成为了新加坡的永久居民,然后紧接着就在转售市场买了一套政府组屋,因为他们不在新加坡工作和居住,就可以把房子出租出去。当房地产的价格上升的时候,他们就放弃了新加坡永久居民的身份,卖出组屋,赚了一笔不小的利润。他们当中很少人留在了新加坡。

在以知识为核心的世界经济竞争中,单靠人口数量这个因素已经不行了,我们更应该重视人口的质量。

我大胆地提议,新加坡的平均教育水平应该至少达到高中或者大专的程度,所有新加坡永久居民的申请者应该达到更高的教育水平。外来移民的作用不仅仅是增加我们的人口数量,更重要的是要能帮助我们提升人口素质。我们现在需要尽快地通过发展本地人才和吸引外来移民来建立起这样高素质的群众基础,这点至关重要。

现在游戏的规则是在发展数量的基础上提升质量。如果我们能按照这样的思想走下去,也许我们在10到20年之内就能建立起这样的群众基础。但是这样的群众基础会随着时间改变,所以需要不断地维持。

教育：内容，创意和实质

我没有当过老师，所以也不了解教育方面的理论。但是我有幸认识了已故的陈德水先生，他是著名的前公务员首长。在早年的时候，他曾经在莱弗士中学当过老师。他告诉我，任何人想要成为一名老师，一定要先获得一个教育方面的学位。在教书之前，他要具备真材实料。

荷兰飞利浦公司的研发部主任 Pannenberg 博士也曾经给当时新加坡政府的经济顾问温斯敏博士提过相同的建议。他跟温斯敏博士说，他的孙子一定要先去读一个工程学的学位才能再去学习计算机和软件方面的专业，发挥他在这方面的兴趣和天分。一个人要想在他所选择的专业领域发挥出创意，展现才能，首先要在基础知识方面打好坚实的基础。

新加坡现在正在进行教育制度的改革，但是陈德水先生提出的观点还依然适用：一个人必须先深入理解某个领域的基本概念，才能发挥创意，解决问题。我同意寓教于乐的学习方法，也努力帮我的孙子在学习中寻找乐趣。但是，我希望我们的学校现在努力创造的轻松自由的学习氛围不要过了头，最后变成了泡沫。其实，我们内心深处都明白，学习是一件艰苦的事情，不是玩乐那么简单。

从各种学术标准来衡量，我们的中小学和大专院校都是非常优秀的。一些新加坡本地和跨国公司的雇主都普遍反映我们的学生都很有能力，他们知道如何去解决问题。但是当路上遇到绊脚石的时候，他们却通常搞不清楚为什么会出现这样的问题。

一个人必须有聪明的头脑才能成功地发掘新知识。好的想法并不是一拍脑子就会出来。美国汉胜公司（Hamilton Sundstrand）的总裁 Evan Erikksen 先生发明了飞机发动机的匀速器，他告诉我当他还是一个年轻的研究员的时候，每天早上天没亮他就等不及跑到实验室去工作。Erikksen 先生至少拥有三项专利技术，这都是他的公司得以成功的基础。

这也让我想起新加坡国立大学的校长施春风教授。他曾经用一块冰给我们做过一次演示：当冰块从高空坠落的时候，会摔成碎块；但是如果在冰块冻结之前在水中加入一些组织纤维混合冻在一起，那么，即使从高空坠落，冰块还是完整的一块。作为一个材料科学领域的教授，施先生那时就想到钢铁、塑料和玻璃，并把他们的性质作了比较。按照同等的重量，三者之中钢铁无疑是最坚硬的，塑料是最柔软的。玻璃第一眼看上去没有钢铁那么坚固，和塑料比起来又非常易碎，但是我们却可以把玻璃纤维和塑料混和在一起制造出一种最好的材料，那就是现在普遍使用的又轻又坚硬的汽车玻璃。

那么，新加坡是由什么制造的呢？

新加坡只有400多万人口，和中国、印度的十几亿人口相比，我们显然不可能在数量上扮演"钢铁"的角色。但是，如果这400多万人都受过教育，如果我们还可以吸引到国际流动人才（包括我们新加坡人）来到新加坡工作、生活、定居（不一定要一辈子，只要人生的精华阶段留在新加坡），那么，我相信我们就可以变得坚韧无比。如果我们能做到这些，我们就可以使新加坡这个民族超越新加坡这个国家，世界地图上面的"小红点"就会变成一个世界文明中心，永远不会在世界历史中消失。

■ 财政和税收的倒金字塔

大多数国家的公共财政结构都像是一个金字塔的形状，下面是90％的人口，支撑着最贫困的10％的人。但是新加坡却是一个例外，我们的财政是一个倒立着的金字塔，由10％的人支撑着另外90％的人。只有这10％的人口支付着全国所有的收入所得税，还有股息税、利息税、土地房产税的主要部分。中央公积金局账户上面的盈余也都是这部分人积累出来的。

因为这种倒金字塔的特性，使得新加坡的公共财政部门就像是一个运转中的陀螺。只要一直有外力给他提供能量，比如说保证每年国民生产总值保持8％以上的增长率，那么，社会秩序就能稳定地运行下去。但是，当经济增长率下降到4％或者更少，这个陀螺就要开始摇晃起来，社会秩序就会出现一些动荡。目前新加坡就出现了一些动荡的征兆。

那些中高层收入者享受不到任何政府的公共住房补贴和优惠的管理费

用，所以他们就逐渐对"经济结构调整股票"这样的平民主义措施越来越不满。在新加坡，汽车、住房和孩子的教育费用比一些发达国家的首都城市还要贵。中高产阶级的人感到他们支付了很高的成本，却享受不到任何实质上的利益。

社会上的一部分人开始期望政府可以降低对中高产阶层征收的收入所得税的税率。然而，当收入所得税降低了以后，商品和服务的消费税就一点一点地上升，引起零售商品的普遍价格上涨。我们要知道，商品价格是具有向下刚性的。这样的价格上涨就会影响到所有新加坡人，无论是富人或者穷人，所以，政府就会感觉必须给穷困人口更多的补贴来抵消消费税上升的影响。

这样做的最佳结果就是对财政收入的影响呈中性。事实上，我们在1996 年开始征收 3％消费税时，这种影响是负面的。我真希望我的计算出现了问题。我当时就认为，政府应该消减政府开支来抵消收入所得税方面的税收的下降，而不是通过提高消费税或者其他途径来弥补财政收入的不足。

而且，降低收入所得税的最佳时机是经济快速发展阶段。在经济膨胀的时期，虽然税率降低了，但是财政收入仍然会增加。相反，如果是在经济萧条期间减税，那么，更低的税率只会导致更低的财政收入。

在最初的奋斗阶段，我们曾经给一些开拓性的公司零税率的优惠条件。所以，那些跨国公司就愿意到新加坡投资，因为跟他们在本国的母公司相比，在新加坡的分公司给他们带来更为丰厚的利润。但是，我要强调的是那时的新加坡具有很强的竞争优势。那些跨国公司只有来到新加坡以后才能享受到这样"开拓者"地位的优待，而不是在他们来之前就会得到。

作为财政部的前常任秘书，我不想被认为是一个悲观主义者。但是，我相信，从收入所得税向其他税种转移这样的"税收艺术"并不是一个能解决我们问题的万能药。这样的税收政策只会增加新加坡商业经营的成本。我们需要勒紧我们的腰带面对现实。如果我们不这样做，我们就会失去那些我们最需要的纤维素从而变成材料科学里面最易碎的纯玻璃。

■ 竞争力、货币和公积金削减

70 年代中期,当时担任货币局主席的吴庆瑞博士经常邀请我参加他们每周一早上的员工会议。其实,会议可以说是吴庆瑞博士开设的辅导课,培训他的部下如何正确理解和预测下周的利率和汇率走势。

在这种高强度的训练下,我们培养出了许多人才,比如新加坡政府投资公司市场部总监黄国松先生,还有新加坡证券交易所的 Seck Wai Keong 先生。虽然在这种会议中我只是一个财政部的旁听者,但是如果他们的预测离实际的走势相去甚远的时候,我自己也会觉得非常懊恼。当时参加会议的还有庄光荣先生,他有一套非常系统精确的方法专门记录实际的利率和汇率。后来,他成为新加坡总审计长。那时,他帮助吴庆瑞博士审核这些接受培训的年轻货币经理。相对于他们预测的结果,吴庆瑞博士更关心的是他们的分析思路。对我而言,这段时间是我在大学以后受到的最有启发性的训练。

这种幸福的状态维持了一段时间,直到有一天我鲁莽地对吴庆瑞博士的汇率政策提出了质疑。在吴庆瑞博士的领导下,甚至直至今天,外汇管理局的思路都是要维持一个强势的新元,并似乎把它视为一个国家的荣誉。他们这样做的目标是为了防止进口引发的通货膨胀。

这样的做法是不是有点过头了?

到 80 年代初期的时候,新加坡的国际竞争力已经大大下降。新加坡贸易与工业部的首席经济学家陈光炎博士指出,导致我们竞争力下降的主要是两把利剑:一是高工资,另一个就是新元的价值高估。

一方面吴庆瑞博士不愿意在汇率方面作半点让步,而另一方面我和温斯敏博士也坚持我们的工资政策,因为我们故意提高了工资水平目的就是为了促进经济结构的调整。这样坚持不让的结果就导致新加坡货币管理局和贸易与工业部之间陷入了僵局。这个问题直到 1986 年政府接受了第一届经济检讨委员会的建议才得到解决。根据他们的建议,雇主应付员工的公积金缴交率降低了 16%,公积金缴交率从原来的 46% 减少到 30%。

其实,这个调整的后果全部落在了工人的头上。中央公积金缴交率的降低事实上是工人实际工资的减少。而仅仅在政府调低公积金缴交率几个礼拜之前,当时的新加坡总理李光耀先生和副总理吴作栋先生还在公共场合发言,强调中央公积金不可动摇的地位,声称政府永远不会降低公积金的缴交率。

我当时担任贸易与工业部的常任秘书,在这件事情发生后我去见了吴庆瑞博士,他永远是我经济政策方面的导师。他对我说,政治上没有永不犯错的神明。

所以,我就带着这样的想法去见了李显龙先生,当时他是贸易与工业部的部长,我希望他能按照经济监督委员会的建议,把中央公积金的缴交率降低 10％。但是最终的结果是降低了 16％,比我们想象的都要多。我们的人民就不得不一口吞下这个苦药,两年之内经济便开始慢慢复苏。

我现在才知道李显龙部长当时并不赞同降低公积金的缴交率,但是他那时想错了。在 80 年代中期那样的形势下,降低公积金缴交率是唯一可行的道路。但是,在经济监督委员会第二次提出降低公积金缴交率的时候,他如果能坚持拒绝这项提议,也许这次他就是对的。

在我眼里,这两次对公积金缴交率的调整有什么不同呢?

1986 年第一次降低公积金缴交率的时候是突然的、坚决的。如果这样经济基本结构的调整能够长期坚持下去,那么,它就是很有意义的政策。可是,最终政府又把雇主缴交率回调,从 10％提高到了 16％。

2002 年到 2003 年的公积金缴交率 3％的下调就更加像是试探性的政策了。我们一直都没有真正面对我们在国际竞争力方面的失利,工资的增长早就超过了劳动生产力的提高。我们给外国投资商的决策制定添加了太多的不确定性。投资商们对市场的压力和风险有所准备,但是,他们不会接受政府干预引发的劳动力成本的上升。

中央公积金缴交率应该是在极端情况下能帮我们渡过难关的"救命稻草"。比如在 1986 年那次我们把它降低到 30％,我们就应该一直维持这个比率。但是,政府后来还是把它回调到了 36％,不久之后又把它降低到 33％。这样的政策的不确定性对一个有长远计划的公司和雇主是非常不利的。这些投资商本来就已经被中国和印度吸引，他们可以随时选择离我们而去。

这样波动幅度很大的公积金缴交率对一些政府机构也造成不利的影响，比如建屋发展局和卫生部。这两个部门的发展计划都会受到中央公积金缴交率的严重影响。公积金的缴交率直接关系到人们的购房能力，也就是对政府组屋的购买能力。同时公积金的一部分会直接划入一个特殊的医疗账户，帮助人们建立针对医疗费用的储蓄，以便他们将来可以看得起病。

当公积金的缴交率在30％以上的时候，建屋发展局就会对需求有比较乐观的预期，从而建造过多的政府组屋。这不光是指房屋的数量，还包括房屋的大小，因为当人们有钱的时候就会希望住得比较宽敞。同样的，随着公积金比率的提高，卫生部也会紧跟着提高医疗储蓄的比例。

我相信财政部一直在研究到底多高的公积金缴交率是最优的。我可以提一些建议，就是以前我在财政部工作时采用的、吴庆瑞博士也认可的、经受过考验的政策。我建议中央公积金的缴交率应该被固定在雇主上缴10％，员工自己上缴20％这样的水平。员工每个月上缴工资的20％用来返还房屋贷款是一个很合理的安排。这样建屋发展局也不会对居民的购房能力抱有过于乐观的预期，他们会更加谨慎地盖房子，从而防止出现供过于求的趋势。

当我担任建屋发展局主席的时候，当时的总理吴作栋先生曾建议，没有售出的政府组屋产生的成本要由我们建屋发展局的预算里面扣除，我们当时都感到非常恐惧！

同样的，卫生局也应该根据个人的年龄和职业，将公积金医疗储蓄户头的缴交率固定在目前的6％到8.5％的范围内。虽然目前的养老储蓄户头只有4％，但是只有在住房储蓄的比例下降到20％以内才可以考虑提高养老储蓄的比例。虽然这样的政治算术很复杂，但是为了保持投资商和雇主对新加坡的信心，我们还是要寻找最好的解答。实际工资的上涨一定要有实际生产力的提高为基础。

新加坡生产力的提高已经落后于工资的上涨很久了。现在，调整的代价必须由所有新加坡人来承担，而不是只落在工人头上。经济政策中的另外一把利剑就是汇率政策。在吴庆瑞博士的领导下，新加坡货币管理局一直采取"钉住一揽子货币"的汇率政策。换句话说，就是新元的汇率浮动范围是根据我们对主要贸易伙伴的贸易状况来计算，包括美国、中国、马来西亚、印尼、日本和欧盟。这是一个构思巧妙、看起来非常合情合理的策略。

但是，在现实生活中，每一个国家都使用美元作交易货币。在我们的主要贸易伙伴中，中国（包括香港）、马来西亚，甚至日本，在一定程度上都是把他们的货币钉住了美元。在旧的货币局制度下，当时的马来亚货币是钉住英镑的，后来他们贬值的时候，我们就把新元直接与黄金挂钩。旧的货币局制度不允许殖民地——例如新加坡——的货币贬值，因为货币的发行要有足够的黄金储备作完全支持。无论过去还是将来，黄金都将是最好的保值工具。只要一个国家的货币能有百分之百的黄金储备作后盾，这个货币就可以一直实行自由兑换，并保持汇率稳定。

当70年代美国总统尼克松宣布"布雷顿森林体系"瓦解之后，各国纷纷采取浮动汇率制度，这样就给中央银行的管理制造了更大的困难。但是，这些困难并不是无法克服的。对新加坡来说，与其根据一揽子货币的变动作小幅度的精确调整，倒不如直接把新元与美元挂钩，就像马来西亚和中国那样。世界上的所有商品都由美元来定价，如果用美元定价的新加坡的出口产品价格上升了，不管是什么原因造成的，都意味着我们的竞争力在下降。

只要我们能一直小心翼翼地保持国际收支的平衡，不允许民众动用他们的公积金储蓄去炒股票，我们就可以一直实行货币的自由兑换政策，这一点也是我们参与以知识为核心的世界经济竞争的必要前提。

这个问题还涉及到我们如何看待新加坡的外汇储备。每当我们遇到一些困难的时候，不时就会有国会议员提出动用外汇储备来帮助我们渡过难关。货币管理局的官员们应该教育民众，让大家明白我们的外汇储备是一个稳定的可自由兑换的货币的基本保证。如果我们的货币做不到这两点，我们就不可能进口任何东西。新加坡是一个很小的经济体，我们不像美国，会有人愿意给我们提供长期的借贷。我们的外汇储备是这么多年来积累下来的贸易顺差和中央公积金盈余。偶尔出现的小幅外汇储备的增加也只不过是投机者认为新加坡的利率较高或者新元有可能升值，才把资金短期地注入新加坡银行。

我认为货币管理局不能只关心官方外汇储备的总数,他们更应该研究外汇储备的构成,哪一部分是属于我们自己的,哪一部分是在我们控制之外的。因此,我对新加坡货币管理局采取的强势货币政策有怕输的心态。如果国际上的对冲基金感觉到我们的货币有高估可能,他们可以在半天之内把新加坡吃个精光。

新加坡需要的是一个稳定的可以自由兑换的货币,就像过去在货币管理局制度下的新元那样。

土地和交通政策

在新加坡的发展史中,土地和交通政策一直是相辅相成的。早在 60 年代末期,国家发展部就设立了国家与城市规划局,后来演变成现在的市区重建局。

这个机构规划了现在横穿新加坡的泛岛高速公路、东海岸公园大道,还有连接南北部的中央快速路。那些规划者告诉我们,这些高速公路要占用大量土地,所以目标只能是满足我们最基本的要求。

要把新加坡建设成为充满活力的现代化城市,我们必须投资大众化的便捷公共交通系统,使人们能够在早上准时上班,晚上能够及时回家吃上晚餐。这样的系统应该是以地铁为基础的。由于地铁使用特殊的轨道,所以他们对道路有绝对优先的使用权。巴士车道是排在第二的选择,而私家车要负担绝大部分的道路使用税,而且在规划了巴士专用车道后他们几乎享受不到任何权利。

很少有人知道其实早在 60 年代中期,当时的苏联政府就曾经提出要帮助新加坡修建地铁。据当时的国家发展部常任秘书侯永昌先生讲,如果我们当时接受了苏联的提议,我们只需要支付 10 亿新元的费用就能修建这条地铁。

后来,在 70 年代末期当我们最终决定了要修建这条地铁的时候,我们实际上花费了 50 亿新元的费用。当时,这样巨额的投资引发了在政府部门和其他各个领域激烈的社会争论。财政部内部也出现了严重的意见分歧，以吴庆瑞博士为代表的一些人主张在公交系统全部使用巴士客车。但是最终吴庆瑞博士输掉了这一次的辩论。

在许多年以后，关于这件事我又问过吴庆瑞博士，当时事实已经非常明显，我们的道路不可能承载那么多的车辆，为什么他还那么坚持主张一个全部使用巴士车辆的公交系统。他给了一个解释说，我们一辆一辆地增加巴士，只是一步一步地积累小错误，这样总比一下子把50亿新元投入到一个未知的没有经过任何检验的系统上要好。到现在我依然不能确定，吴庆瑞博士给的这个解释是认真的还是只是开玩笑。

支持建设地铁的人占多数，包括侯永昌先生，已故的前国家发展部部长郑章远先生，Lim Leong Geok 先生还有我，当时我是交通部的常任秘书（1970—1972）。

当时的新加坡总理李光耀先生和财政部长韩瑞生先生是这个辩论的裁判。

比莱领导了修建地铁的官方财务小组。即便如此，有一次吴庆瑞博士提出了一个"陷阱"式的问题，差一点颠覆了整个地铁修建的计划。他向 Lim Leong Geok 先生提出了一个尖锐的问题：现在要花每个人大约30万新元的价钱来保证每天早上能按时送人们到中央商业区工作，这样做是不是值得？

吴庆瑞博士在会议上提出这个极具杀伤力的问题的时候，我刚好没有在场。如果我在场的话，我会跟他这样分析：地铁交通系统可以建立起连接城市郊区的快速通道，这样看来，地铁本身就可以引发地产的升值。即使我们不用提高房地产税率，地产的升值也会给我们带来更多的财政收入，这些财政收入的增加足以支付修建第一条东西线地铁那50亿新元的费用。

当时在场的国家发展部部长郑章远先生给出了一个相似的答案，不过比我的更具轰动性。他说，我们在滨海湾填海造地所卖出的那一块土地的价钱就足够修建所有的地铁线了。

公平地说，我们后来并没有真正去检验到底吴庆瑞博士提出的全部使用巴士车辆的想法是不是行得通。之后的部长们都以理性计划为借口采取了一种比较保守的策略，通往市中心的巴士路线由于和地铁线路重合，都被取消了。另外,虽然地铁交通比巴士方便得多,但是地铁车票的价钱并没有比巴士车票贵很多,所以导致人们对地铁的需求大大增加。

我依然清楚地记得当时李光耀总理坚持要他的内阁成员制定比巴士车票高出很多的地铁车票价格。他指出,如果一开始地铁车票的价格就不能反映它真实的经济价值,那么,以后我们将永远被困在这个亏损的价格上。相对于巴士来说,地铁提供更优质的服务,当然就应该制定更高的合理价格。李光耀总理不幸言中了这个事实。我们一开始没有一口气吞下这个苦药,结果就导致公交系统车资问题成为长期以来反对党攻击我们的有力武器。

1970 年的时候,新加坡最大的一个巴士运营商——新加坡 Traction 公司——倒闭了,使得当时的交通部部长杨玉麟先生、车辆登记局的局长 Goh Yong Hong 先生还有我这个交通部的常任秘书惊慌失措,急忙寻找出路。我们那时的目标是尽快在新加坡的东部、西部和北部组织起四个主要的华人巴士公司,接替之前新加坡 Traction 公司那些通往城市中心、中央商业区的巴士路线。

我们当时就发誓,再也不能只依赖一家主要的巴士运营公司了。但是当我 1972 年回到财政部工作的时候,惊讶地从报纸上看到政府又把那四家巴士公司合并成了一家,即新加坡巴士公司。事后有聪明的官员意识到了这样做的风险,所以就建立了第二家巴士公司——跨岛巴士公司。

之后的 30 年里,我们一直在重复相似的争论,但是对于新加坡到底应该有一个还是两个地铁公司这个问题,我想这不是我们最应该关心的问题。

就像吴庆瑞博士指出的,真正的竞争存在于巴士和地铁运营之间。我们不应该把新加坡地铁公司和新加坡巴士公司放在一起作类比。像新加坡这么小的市场,两个联合起来的寡头也许比垄断更可怕。

许多年以后,Lim Leong Geok 先生跟我谈论过这个问题的根源,那就是如果我们在修建第一条地铁线的时候过于轻松地赢得了支持,那么,我们以后就会更轻易地建造第二条、第三条地铁线。我们的管理层只是乘坐在自动驾驶的飞机上。吴庆瑞博士已经不在了,还有谁会以批判的眼光仔细地审查这些地铁项目呢? 就是因为管理层这种"怕输"的心理,他们把本来已经不算平静的市场搞得更加混乱。公共交通理事会作为车资价格的咨询单位，应该休息一下了。国家工资理事会也是一样，长久以来他们一直在促使工资的全面提升，根本没有考虑生产力和竞争力的变化。就像韩瑞生先生所说的，政府应该学会在适当的时候放手。

我们应该放手让巴士和地铁自由竞争，车资的上涨或下降应该由各自的运营商来决定。学校的校车也没有必要在他们提高车票价钱之前先要征得公共交通理事会的同意。

■ 土地政策：价值和资产增值

能为新加坡85％的人口提供90万套住房是新加坡建屋发展局最伟大的成就。很少人了解其实我们低成本住房计划的基石来自于《新加坡土地收购法》。

《新加坡土地收购法》规定政府可以以未开发之前的价格从私人土地所有者那里购买土地，用于公共设施的建设。当我还是一个很年轻的公务员的时候，吴庆瑞博士曾让我起草一份内阁备忘录，提议土地的购买价格不应该包括土地未来潜在的价值。

为什么不能包括潜在的价值？

我们认为私人土地所有者没有理由可以免费享受各种公共设施，例如道路、供水、供电、排水管道等等。我们只应该支付在未开发之前那块原始土地的市场价值。我们采取这样的政策是为了防止土地方面的投机行为。我们对土地用途的改变所征收的土地发展费也是同样的道理。

事实上，国家拿走了土地潜在价值的至少一半。很少的民主政府敢于制定这么强硬的政策。但是人民行动党的政府就可以。

可惜的是最近几年，在土地定价方面像吴庆瑞博士这么明智的做法越来越少了。现在的总定价师听从于国家发展部或者是贸易与工业部的指示，采取了"机会成本"的思路，把新加坡所有地方的土地都以莱弗士中心的土地价格为标准。他们的假设是新加坡任何一个地方每一平方米的土地都有可能升值到莱弗士中心的土地价格。

当时我在财政部工作,根本没有注意到发生的事情,直到有一天社区发展与体育部的人跑到我那里要求我拨给他们一笔资助,来帮助那些从土地局租地解决穷人住房问题的慈善机构所面临的租金大幅上涨的问题。同样的,经济发展局的人也找到我,要求资助解决那些跨国公司在新加坡设立工厂所面临的更高的土地费用问题。我们自己错误地以为新加坡是世界上唯一最具智慧的小岛,却没有想到有很多其他国家会给这些公司提供更低廉的土地。

这种做法的结果就是,新加坡港务局对在新加坡转运的那些船只制定了高出市场价格的收费。我们的愚蠢就这样给我们的竞争对手——马来西亚的那些港口——提供了可乘之机。

新加坡最近几年竞争力下降的主要原因之一就是我们错误的土地定价政策。我们究竟取得了什么成绩,能够制定这么高的土地价格?这种定价的结果只不过就是糊涂的记账游戏。财政部给社区发展与体育部和经济发展局提供补助,然后这些补助又通过土地税收的形式回到了财政部。这样一个错误的行为最终导致了新加坡土地价格的飞速增长,同时我们的竞争力也就随之下降。

那些和我一样在战后 20 世纪 50 年代长大的人一定会记得当时牛车水破烂的贫民窟,还有大巴窑蚊虫遍布的农舍。所以从 60 年代起,当我们可以从那些旧房子里搬到新建的高层政府组屋时,感觉就像进了天堂。经济发展局和建屋发展局并肩合作,经济发展局努力创造就业,建屋发展局以每 36 分钟完成一间房屋的速度为我们建造住房。从那时起,这个成功的组合就成为人民行动党在每一次选举中胜利的最有力武器。就业和住房保证了李光耀先生领导的人民行动党能够稳坐江山。

建屋发展局的第一任总裁侯永昌先生曾经提出过一个震撼了所有同事的建议。那时建屋发展局已经给 80％的人口提供了住房,他建议我们就此取消建屋发展局,让私人部门去给剩下的 20％的人口解决住房问题。

但是老习惯,特别是成功的习惯,总是很难改变。建屋发展局当然没有被取消。

从最开始的给每一个家庭提供一套住房,我们现在发展成为给每一个家庭提供第二次购房的贷款，让他们可以把房屋从三房式升级为四房式或者五房式。

当80年代房地产价格上升的时候，所有人都欢欣鼓舞。建屋发展局也认为人们会排长长的队伍等待购买新房，对未来形势作出了过于乐观的预测。但是快乐总是短暂的。

90年代爆发的东南亚金融危机引发了人们对住房需求的突然地大幅下降，特别是那些想通过房屋升级获利的人。长长的队伍不见了，建屋发展局的1.7万多套房屋买不出去。如果这是个私人企业，那么它早几年前就不得不倒闭了。但是建屋发展局是一个政府机构，财政部会在后面撑着，承担了所有的损失。

随着人们对新房需求的下降，政府就要求建屋发展局开始实施对旧的楼房进行房屋翻修的计划。

当这个政策最初制定的时候，政府的想法是由屋主承担50％的费用，剩下的50％由政府来承担。但是要达到翻修的资格，必须先要征得75％的屋主的同意。这时政府"怕输"的心理又开始表现出来。为了保证这个政策的顺利执行，政府把屋主需要负担的费用从原来的50％降低到了20％。即使这样，当时还是有一些组屋因为无法得到75％的屋主的同意而不能进行翻修，这样的情况最近几年还时有发生。其实原因很简单，就是最近几年翻修过后的房屋在转售市场价格的增长往往还没有翻修所需要的费用高。这就是目前房地产升值的形势。

同样的，中央公积金的缴纳者动用他们的公积金在新加坡电信公司上市时购买的优惠股票最后也只有2.5％的股息，这是中央公积金局保证的最低利率。在新电信上市以后，这些股票在二级市场根本卖不出去，因为定价在3.6新元已经过高了。除了持有股票的政府部门，其他人从中没有得到任何好处。虽然最开始的本意是为了让那些公积金的缴纳者得到资产的升值，但是市场教给我们每个人一条深刻的经验：永远没有免费的午餐。

那时作为中央公积金局的主席，我要求财政部按照政府长期债券4％的利率支付给那些公积金缴纳者，而不是向他们推销基金让他们去投资。中央公积金局这样的小鱼在那种不平等的市场条件下，肯定会被那些鲨鱼一口吞掉的。最让我感到痛心的就是那些公积金的缴纳者,他们把钱都投资到了金融市场,万一他们失业,他们就没有办法返还房屋贷款。林祥源先生担任国防部常任秘书的时候,有一天他来找我谈论"全面防御"的概念。我们在某些方面取得了一致的意见:全面防御要包括经济防御、社会防御、心理防御和军事防御。国防部的观点是军事防御是最根本的基石。但是由于我一直在经济部门工作,我认为强健的经济是其他一切的基础,甚至包括军事防御。我们双方同意保留各自的意见。

我想转述凯恩斯爵士的话来作为结束语。他说,即使最聪明的政治家有些时候也会成为一些愚蠢的哲学家的奴隶。说简单一点,政治家经常会受到经济学家的误导。所以,对于我们这些选择成为职业经济学家的人,我们要明白我们身上的责任非常沉重。基于这样的原因,我希望那些在政府部门工作的经济学家们能够认识到,有些时候我们也可能会犯致命的错误。

第二编

第十一章 新加坡长期生存和发展之路
——访谈录之一

（《海峡时报》2003 年 10 月 5 日）

　　自严崇涛先生 1999 年从他担任的政府公职退休以来，许多关于国计民生的大事还一直萦绕在他心头。作为建屋发展局盛邦新业集团的主席，他担忧的是新加坡长期的生存和发展道路，以及我们要留给后代一个什么样的社会。出生于 1937 年 6 月 7 日的严先生，坚称自己不是一个"激进分子"，只不过是一个有三个孙子、关心国事的新加坡公民。他提出了一个充满争议的问题："对我们的子孙来说，50 年以后，新加坡这个国家还会不会存在？"

　　早在 1959 年人民行动党刚开始执政的时候，严先生这位个头不高、讲话直率的经济学家就已经被选拔为政府管理部门的一名精英人才。他曾经见证了新加坡最艰难的起步阶段，那个时候的失业率曾高达 10％以上，政治环境也是动荡不安，一触即发。

　　严先生把三个人看作是他的导师：担任过财政部长的韩瑞生先生和吴庆瑞博士以及新加坡前总理李光耀先生。自 1970 年至 2000 年，严先生曾经在多个政府部门担任常任秘书，包括新加坡交通部、贸易与工业部、新加坡总理公署、国家发展部和财政部等，并且还曾经担任新加坡经济发展局和建屋发展局的主席。

　　如今，严先生已成为新加坡一位备受尊敬、极具影响力的资深人物。他对于任何政治和策略问题的意见都受到广泛的尊重。

　　在这次难得的采访中，严先生坦诚直率地评价了目前政府部门存在的一些问题，例如：政府职责的单一化，一些政府精英逐渐出现的自满态度，以及没有其他党派能接替人民行动党的统治，并且参与国家的治理等。

问：目前，有一些人对新加坡的未来持有悲观的看法，您个人对新加坡的前景有什么样的预测呢？假设没有了李光耀资政，新加坡还能继续走下去吗？

答：毫无疑问，新加坡可以继续成功地走下去，但是前提是李光耀先生必须要给我们的后代留下正确的遗产。

李光耀先生想要留下什么样的遗产，当然是他自己说了算。而我作为一个政坛的后来人，希望能冒昧地给他提一些建议：我认为我国应该在政治方面更加开放，允许人才散布到各个领域、各个阶层，这样才能听到不同的声音，才有可能出现新的领导方式。

到目前为止，人民行动党的策略一直是把高学历的人才集中到国家的政府部门，因为他们认为垄断地控制住人才才能永远掌握政权。但是在我看来，这是一种目光短浅的行为。

自然界有一条永恒不变的定律——任何事物到最后都会衰退，而稳定的状态永远不可能存在。如果李光耀先生不允许有新生的政治力量出现来挑战目前的政坛，那么，现在在位的政府领导们就只会安于现状。如果将来出现任何风吹草动，人民开始骚乱反抗的时候，这个政府很可能一下子就倒台，就像 50 年代后期执政的激进党遇到左翼的人民行动党的突击一样。

我认为，我们的领导应该意识到，新加坡要远远大于人民行动党。

问：如果我们现在要开放政治，那么，第一步应该怎么走？

答：新加坡要想继续成功地走下去，就应该让至少一半的人才，比如那些获得总统奖学金和在国外留学的优秀学者，进入非政府部门的其他领域工作。比如说如果现在有十个人留学归来，其中的五个人可以到公共部门或者政府部门工作，另外的五个人就应该去那些私人公司或企业工作。

虽然人才永远都是供不应求的，但是，我们应该让他们分散到社会与经济领域的各个方面，而不是全部集中到政府部门。这些人才应该通过他们自己与国家的纽带——而不是与政府的合同——来更好地报效祖国（可以在新加坡国内，也可以在其他国家）。目前的情况是，那些敢于尝试的人必须中止与政府的合同，面临经济上的惩罚，甚至还会被谴责为"离弃者"。

另一方面，并不是每个人都适合在政府部门工作，公务员也需要具备一些特殊的潜质。新加坡前公务员首长沈基文先生曾经说过,进入政府部门工作就像担任皇家的神职工作一样,并不是每一个人都具备做神父的潜质。无论一个人有多么直率,一旦成为政府官员,最终的结果都是被局限在一个镀金的笼子里面过着按部就班的生活。

拿我自己来说,在我做政府部门常任秘书的时候,从来不用担心能不能支付得起员工的薪水,因为政府预算会帮我处理好一切。后来,我担任星展银行主席和一个政联公司的总经理的时候,也只是有 20％的时间会担心员工的工资。

然而现在,作为建屋发展局盛邦新业集团(一个从建屋发展局分离出来的新公司)的主席,我却面临着有生以来最大的商业挑战。90％的时间,我都在担心到月底我有没有足够的资金给员工发薪水,这是一种精神上的折磨。

问:就个人而言,目前您对政府部门最大的担忧是什么呢?

答:打个比方来说,目前最大的危险就是我们好像在一架自动驾驶的飞机上由着惯性飞行一样。过去成功的经验,被我们一遍一遍地重复使用,直到有一天现实来把它推翻。就拿我们的工业政策来说,最开始的时候吸引跨国公司到新加坡投资无疑是一项正确的决定。然而,那个时候我们并没有意识到世界贸易组织将在日后带来什么样的影响。

现在再思考一下这个问题,你就会发现世界贸易组织揭开了以知识为核心的全球经济的新篇章。而知识是由人和科研机构掌握的,如果这些机构都是由外国人控制,你还会认为新加坡能得到这些知识吗?

最近这些年,我一直在努力提醒人们:为了我们的将来,一定要自己动手为将来打下基础。如果我们希望看到这些知识能在新加坡扎根并且发展,我们就一定要去支持我们的中小企业。我并不只是为了看到更多的中小企业而去支持他们,而是我们真的需要这些扎根国家的本地企业。创新科技的沈望傅先生和凯发集团的林爱莲女士都是很好的榜样,但是我们需要更多这样的榜样。

我们已经在自动驾驶的飞机上飞行得太久了。跨国公司对新加坡经济的发展的确作出了很大的贡献,但是他们终究是外来者,对新加坡没有任何感情。一旦哪天我们变得不再有竞争力,他们就会转移到其他地方,弃我们而去。

问:为什么会造成这样的局面呢?

答:我怀疑是因为我们已经被自己的宣传口号麻痹了。同时,新加坡的一些精英分子也慢慢开始以"新加坡品牌"感到骄傲自满了。一些公务员的表现就好像得到了皇帝授权一样无所顾忌。我们都以为自己是小李光耀。

李光耀先生是通过他自己的英明才智和在国际上的地位赢得人们的赞同的。但是即使像他这样伟大的人物,也不能保证任何时候都是正确的。另外,理智化的过程也会有它自己的趋势,有时候可能会偏离社会而变得不切实际。拿中国的科考制度为例,过去中国皇帝亲自主持的皇家考试保存了非常完整的纪录。最开始的时候,考试的题目都非常实际,例如如何治理考生所在省份的水灾问题等。但是随着时间的变化,后来的考试题目专注于论语以及诗词歌赋等,所以,中国的知识分子在这种制度的影响下变得越来越虚弱而没有活力。这个例子就是我们新加坡应该警惕的前车之鉴。

问:相对于那些外表光鲜却不务实际的典型官员形象,您却是一个例外,不是么?

答:也许是因为我一开始进入政府部门工作就是1961年从新加坡经济发展局做起的。那个时候我们刚刚开始对外宣传"新加坡概念",不得不追逐任何可能给新加坡带来就业机会的生产行业。当时的投资促进都是靠我们每个人踏破铁鞋、费尽口舌换来的,这样就会把人磨练得非常谦虚、有耐心。

举个例子,如果你拨打一百个电话,有十个总裁回复你或者是愿意接听电话,你已经算走运了。如果这些人中有两个能同意来新加坡参观访问,那你就更幸运了。如果最终能有一个人愿意在新加坡投资设立公司,那你真的是幸运之极了。在这个过程中,我就慢慢学会了做一个职业的乞求者,而不是一个给别人施舍的人。

可是如今,大部分的公务员都是从管理职位做起。如果按照我的意见,我会让每一个政府官员都从新加坡经济发展局开始他们的职业生涯。

问:建立一个新的领导团体这个想法已经不是第一次被提出了。也有人建议通过把人民行动党分成两派来实现这个目标。对于这个备受争议的提议,您是怎么看的?

答:说实话,把人民行动党分成两派这个想法我认为过于天真,而且人为的因素太多,不自然。如果想要挑战目前在位的政府,这种行为必须是自发产生的,他们会面临一定的风险,所以要做好充分的准备。人民行动党曾经说过,如果有人要挑战他们,一定要准备好打硬仗。这句话一点不错。

我们必须让一些最优秀最聪明的人离开我们的控制范围,让他们自然地生长和发展。你怎么能知道将来他们的领导方式不会比你的更好呢?相反,如果我们垄断地控制了所有的人才,那就永远也不可能出现可供选择的新领导团体。然而,这样的选择机会对新加坡的发展是非常有益的。

问:以您所见,这种新的领导团体取代目前的执政党有多大的可能呢?

答:当然,这是一个充满政治风险的事情。也许有一些年轻人到最后成了你的敌人。但是如果人民行动党真的想要新加坡长远发展的话,他们就不得不承担这样的风险。

新加坡现在的形势是,政治上你只能选择完全服从或者彻底远离,这并不是一个好的现象。我们应该学习法国人的英才管理模式:最优秀的法国人都会到大学接受高等教育,然后他们其中有一些人会成为社会主义者,另一些人会成为保守主义者;有一部分人在政府部门工作,也有一部分人会到公司和企业里工作。但是最终,到了紧急关头,他们还都是法国人,这些精英人群当中从来没任何人会想要背叛祖国。

这也是我们所希望看到的新加坡的精英分子,他们关心政治而不是其所在的政党。当危机来临的时候,最终还是会并肩作战,保卫我们的新加坡。

最重要的一点是,并不是所有人都必须成为人民行动党的一员。

问:人民行动党的威信是建立在给人民群众提供廉价的物品和资产升值的基础上的。如果形势恶化,他们会面临什么样的危险呢?他们是不是应该改变对人民群众所作的承诺了?

答:确实如此。我的建议是:重新拾回李光耀先生的信条——没有任何人欠我们什么。我在2000年刚接任建屋发展局主席的时候,一个敏锐的研究新加坡问题的学者问我:"崇涛,你在建屋发展局遇到的最大的难题是什么?"接着他就自己举例给出了答案:"最开始,你给猴子花生,他们就会跟着你的节奏跳舞。现在,你给了他们太多的花生,猴子已经变成了大猩猩,你就不得不随着他们的节奏跳舞了。这就是你面临的最大的难题。"

现在我们的民众已经被喂得太饱了,如今的经济状况迫使我们不得不开始速成的节食计划。但是也不能让他们挨饿,这样会引发政治暴乱。所以,现在的政府就应该更有技巧地管理,从最不必需的物品开始,慢慢缩减提供给大众的免费午餐。

我们应该着重去帮助那些最贫困的5%到10%的人口,而不是施舍慷慨给所有的人。而且,也不需要考虑资产升值、新加坡股票和水电费回扣这些问题。因为这些做法,其实就像前面说的,你只是在跟随着大猩猩的节奏跳舞罢了。

我无法理解为什么政府急于提高商品和服务的消费税,其实这样做只会增加低收入人群的赋税。为什么我们要增加低收入人群的税收,然后再通过援助的形式返还给他们呢? 这种做法只会降低人们的尊严,并且培养越来越多的人成为乞讨阶级,习惯性地伸出手等待施舍。这绝对不应该是我们对待人民的方式。虽然我们宣称新加坡不是一个高福利国家,但是在行动上,我们与那些福利最完善的国家已经非常相似了。事实上,我们更应该做的是唤醒人民的自尊心和自立意识。

在这个问题上,我认为我们的领导人应该展现出更多的勇气。而且我相信,新加坡的人民也会赞同和尊重这种做法。即便是人民行动党的支持率从75%降到55%,为了新加坡长期的发展和生存,这也是值得的。

问:那么,政府新的承诺应该包含什么样的内容?

答:我们应该回到最初所作的承诺,那就是根据每个人的天分和潜能,给予他们在学术方面或者是职业方面最好的教育。而且,我们也不应该区分职业的高低贵贱,认为工程师就一定比医生或者厨师高级。

我已经过世的母亲是一个伟大的女人。虽然她不识字,但是却能独自一人把五个儿女抚养成人。她经常用海南语告诫我们:"有了一技之长,你就永远不会饿死。"

我认为，留给后代最好的遗产应该是教育和平等的机会。当初海南人漂洋过海来到新加坡，他们是来得最晚并且人数最少的一个群体。那个时候潮州人、客家人还有广东人已经占据了新加坡经济活动的中枢部门。

那时，海南人没有自己的保护神，除了去做谦卑的佣人、侍应生或者厨师之外，他们没有其他的选择。但是他们都寄希望于下一代，希望子女能过上更好的生活。新加坡的伟大之处就在于即使是出身贫寒，我们仍然可以得到很好的教育，这就提高了我们的社会流动性。现在，海南人作为一个地方性群体，拥有专业人士的数量按比例计算是所有地方性群体中最高的。

问：您主张重视教育，如果现在让您改革新加坡的教育体制，您最想做的事情是什么？

答：每一年的小学毕业考试，都会把最优秀的男生和女生选拔出来然后分配到两所学校——莱弗士中学和莱弗士女中。这两所学校再好，那里的老师再优秀，还是会出现一个很大的问题：我们未来的精英都是在这两所学校由这两批教师培养出来的。

虽然最终这些孩子们都会变成优秀的人才，但是他们基本上都是从一个模子里培养出来的。我并不是单纯为了追求多样化就认为多样化是好的，而是我认为我们需要为将来未知、无法预料的挑战提前做好准备。我担忧的是新加坡只有这样一种类型的人才，而将来面临的挑战却可能是各种各样、无法预测的。

我认为，我们应该把最优秀最聪明的学生分散到至少十个以上的学校。否则的话，我们面临的风险是可能无法应付不同的挑战。

问：除此之外，您是不是对新加坡的经济前景比较乐观？

答：是的。新加坡人很容易走得比较极端，任何事物非黑即白，其实我们也应该多接受各种程度的灰色。担任过新加坡经济顾问的荷兰经济学家温斯敏（Albert Winsemius）博士就曾经跟我说：新加坡人是一个极度不平衡的群体，所有的人都站在一个小水池里。当外面阳光明媚，水面还没淹没鼻子的时候，你们就认为生活多么美好，心中充满了幸福。一旦水面升高一公分，呛到了你，你们就以为到了世界末日。

所以，我们应该问问自己：为什么我们是一个不平衡的群体？我想可能是因为我们太极端了。自然界都需要多样化,人类的活动就更需要多样化了,因为每个人与生俱来的品质、性格和脾气都是不一样的。

问:那么,您主张用更加包容的心态面对一切,是吗?

答:是的。人们应该认识到并且接受这个观念:新加坡这个国家要远远大于人民行动党,而比新加坡这个受地域和人口限制的国家更大的是新加坡这个民族,包括分散在世界各地的新加坡人。

我认为在树立国家意识这方面,我们应该采取更加包容的态度。我们已经在 2002 年建立了"新加坡海内外联盟",这个国际化的网络可以把所有的新加坡人联系在一起。无论是不是新加坡公民,只要他关心新加坡,出生在新加坡或者父母还在新加坡生活,都包含在我们广义的"新加坡人"里面。

我不同意"离弃者"或者"坚守者"这样的叫法,虽然有一部分新加坡人曾经到国外工作,或者定居在国外,但是在他们大部分人的心里还是会牵挂着新加坡,所以,我们要把这群人包含在我们广义的"新加坡人"里面。同样的,我们也应该把那些在新加坡工作和奋斗的外国人当作是新加坡的朋友,这是新加坡走下去的唯一出路。如果不这样,新加坡就只是一个拥有 400 万人口、600 平方公里的小岛。如果我们不包容其他人,我们就会变得越来越小,越来越孤立,到最后就会慢慢消失不见。

问:您希望您的孙子从我们手里继承什么样的新加坡呢?

答:我虽然不是一个历史学家,但是我想用一个关于古希腊两个城市——斯巴达和雅典——的故事来回答这个问题。新加坡就像是斯巴达,最优秀的学生从孩童时期就离开父母去接受教育。然后,这些人在各自的小群体中推选出一个领导,再这样一层一层往上推选出他们最终的哲学家国王。我最初看柏拉图的《理想国》的时候,完全为这种完美的管理模式、在最优中选择最优的逻辑所惊叹。

但是当我看完这本书,却恍然意识到,虽然他们的出发点是英才管理,到了最后却变成了独裁统治和精英主义。某个哲学家一旦被选为国王,除了上帝,便再也没有人能动摇他的王位。如果他是一个好的独裁者,那便万事大吉,可是万一他是一个坏的独裁者,那么整个社会就会倒塌。斯巴达这样一个纪律严明的军事化强国,最终还是走向了灭亡。

相比之下，另一个城市雅典就以拥有多元化和各种思想流派的哲学家而闻名于世。虽然大多数人都认为哲学家是无用之材，但是至少他们敢于争论，善于思考。到最后，雅典生存下来，而斯巴达却早被世人遗忘。这个故事对于新加坡给公开政治讨论设立禁区的做法有什么启发呢？

李光耀先生应该认真地考虑他到底要给新加坡留下什么样的遗产，留给后人一个什么样的社会。是像斯巴达那样，组织严明、军事化、高效率但是最终不堪一击，还是像雅典那样，凌乱、不够整齐而且充满争辩，但是最后会因为这些多元化的思想而生存下来呢？

就我个人而言，我相信新加坡不会变成第二个斯巴达，因为新加坡人没有那么容易被驯服，这也是我们的可取之处。作为一个还算年轻的乐龄公民，我非常希望新加坡能像雅典那样长盛不衰。那样的社会生活更有趣，也会更加值得我们为之努力奋斗、奉献终身。

第十二章　对人物、制度和政策的个人记述

——访谈录之二

（2000 年 8 月 12 日接受 Melanie Chew 采访）

问：严先生，您祖籍海南，对吗？

答：是的，我父亲很年轻的时候就离开海南来到新加坡。他是个很了不起的人。刚来新加坡的时候，他只上过一年中学，然后在不到三年的时间，他就掌握了英语并拿到了高级剑桥资格证书，相当于现在的中四毕业考试。很了不起吧！我父亲是一个语言学家，做翻译工作，他可以把英语翻译成汉语的各种方言。在日本侵略时期，他还很快就学会了日语，给日本人做翻译。

我的母亲也是个了不起的人，很年轻的时候就不幸守寡，要独自抚养五个孩子——四个儿子，一个女儿。她当过女佣，辛苦工作供我们五个孩子上学。她真的很有勇气和毅力，能这样支撑起家庭是非常不容易的。我们四个儿子后来都通过政府资助或者奖学金上了大学。

问：您的兄弟姐妹也和您一样成功吗？

答：事实上，他们比我做得更好。我是长子，我只是得到了一个公开的政府资助，而我的大弟弟严崇渊（Ngiam Tong Yuen）是澳大利亚"科伦坡计划"奖学金的获得者，他学习工程。他是一个化学工程师，马上就要从埃克森美孚石油化工公司退休了。我的二弟严崇澜（Ngiam Tong Lan）是一名医学副教授。我最小的弟弟严崇滔博士，是新加坡农粮与兽医局的主席。我的妹妹虽然没有读大学，但是她的三个儿子也都是工程师，我的妹夫在大学学的是物理。

你相信基因遗传吗？我想我们的父亲虽然英年早逝，但是他遗传给了我们非常优秀的基因。我不相信基因是唯一的因素，我认为后天的教育和

基因两者缺一不可。

我们都是幸运的人，能够从海南的一个小村庄来到新加坡。但是很多新加坡人都没有意识到他们是多么幸运。当我访问越来越多的国家，研究他们的经济发展，我才越来越意识到我们是多么的幸运。你信仰基督教吗？我想上帝是与新加坡同在的。

问：您 1959 年从马来亚大学毕业，您的大学同学都有谁？

答：那个时候，荣誉班的学生人数很少，一共只有 14 或 15 人。同学里面的新加坡人，除了我，还有 Haider Sithawalla 先生和 Ernest Wong 先生（不是大华银行的那个 Ernest Wong 先生）。剩下的同学都是马来西亚人。

其实到现在我都还和他们保持着联系，例如，马来西亚的秘书长 Tan Sri Sallehuddin 先生，财政部的 Ramon Navaratnam 先生，还有原产局的 Wong Kum Choon 先生。他们都是非常有趣的人。

我们班里最聪明的一个同学是个女生，Teh Lulu。在那个时候，女生很难找到一个好的工作，所以，她毕业就去马来西亚国家银行当了一名图书管理员。但是在那里她开始学习有关投资的知识，后来创造了一大笔财富。

问：和您一起在 1959 年进入政府部门工作的同事都有谁？

答：我是 1959 年加入政府管理部门的，当时和我一起进去的还有两个人。Herman Hochstadt 在大学的时候比我高一届，但是因为他修了双学位，就和我同时进了政府部门。另外一个是 Sarjit Singh，他是马来西亚人，后来新加坡和马来西亚分离以后他就回到了马来西亚，担任橡胶研究所的主任。当时还有一个欧亚混血男生 Reutens，但是他选择了去私人企业工作。

这里我要说一下，我其实是人民行动党的第一批公务员。我是 1959 年 8 月 1 日加入政府的，人民行动党是在同年的 5 月 30 日赢得大选。我最开始时被分配到贸易与工业部，当时的常任秘书是 Abu Bakar Pawanchee 先生。人民行动党接管以后，James Puthucheary 先生就被委任为工业促进局的主席。

我在那里工作了大概两三个月。然后，财政部部长吴庆瑞博士组建了财政部下属的经济发展局，由韩瑞生先生担任常任秘书，我就被分派到了经济发展局工作。

当我入职以后,我才发现我原来是那里唯一的、最年轻的培训生。当时的经济发展局只有四个人:财政部部长吴庆瑞博士,常任秘书韩瑞生先生,还有我这个行政助理培训生,除此之外就是一名办公室的文职人员了。

这就是经济发展局的开端:我们四个人——财政部长,常任秘书,行政助理和一个文职人员——支撑着这个机关。

在我之前在这里工作的是 Henry Oh 先生,他当时是首席助理秘书,但是他辞职去了 IBM 公司,所以我就接替了他的工作。接着,在一年之内,又有一个新人加入我们,就是来自吉隆坡的比莱先生,之前好像是在壳牌石油公司工作。他在伦敦的时候就认识吴庆瑞博士了,那时他们都是马来亚论坛的成员。我记得当时他的委任书是我写的,他的职务是特殊项目工程师。

那个时候工作人员就有我、比莱先生、丹那巴南先生,还有 Heng Hong Ngoh 小姐——一个非常聪明的女人。在大学里她比我高几届,是为数不多的获得经济学一等荣誉的女生之一。她和 James Puthucheary 同一年进入政府部门。那时的情况就是这样,主要就是我们四个人。

问:您有没有参与制定新加坡的五年计划?

答:我记得是在一个周末,吴庆瑞博士叫了比莱、Heng 小姐和韩先生一起去了樟宜度假村,在那里制定出了五年计划。当时新加坡在申请一笔贷款,所以世界银行组织就要求我们提供这样的文件。我留在了办公室准备数据,其他人都去了樟宜度假村写这个五年发展计划。吴庆瑞博士是一个非常了不起的人,我很幸运可以跟随他还有韩瑞生先生工作。

问:能具体说说他是怎样了不起吗?

答:吴庆瑞博士思维敏锐,非常善于分析问题。你知道吗?他那个时候可以在三个小时之内自己写好财政预算的演讲稿。他经常是周日早上来到办公室,然后告诉他的秘书谢小姐:"我现在要准备财政预算的演讲,我口述,你帮我记录下来。"在三个小时之内,他就能完成他的演讲稿。

那个时候,吴庆瑞博士所有的发言稿都是他自己写的,当然他会提前做好充分的准备工作,把所有资料都看一遍,所以他非常清楚他要说什么。即使是非常重要的财政预算演讲,他都可以在几小时之内完成。现在同样的工作,一般都是由许多公务员花费几个星期甚至几个月来完成。他真的是一个不可思议的人。

那个时候他会起草好他的演讲稿,然后交给我说:"好了,现在你查找核对一下里面的数据,如果数据相符我就用现有数据,如果不一样的话,我就重新按照你的数据修改我的演讲稿的内容。"但实际上他脑子里对这些数据了如指掌,他是一个绝顶聪明的人。

另一方面,他又是一个非常实际的人。我给你讲一个例子。1986 年的时候我跟随他参加世界银行大会,那个时候他身边只有我一个官员,所以,我们很自然地聊了起来。他对我说:"严,我们回去以后请你写一份关于在新加坡建立飞禽公园的计划书。"我当时还很年轻,他的心情也不错,所以我问他:"先生,为什么我们要建飞禽公园,为什么不建一个动物园?"当时新加坡并没有动物园。他转过身子对我说:"严,鸟粮要比肉便宜很多!"

他是一个非常聪明的经济学家,同时还很注重实际。他是如何分析问题的? 如今我们需要大量的卓越的经济学家来收集数据,然后撰写分析报告。我曾经跟随他去曼谷参加联合国亚洲和远东经济委员会的大会。有一天,吃过晚餐,他告诉我说:"我们去街上走一走吧。"我不太情愿地说:"先生,为什么要出去? 外面又热又脏。"但是他还是坚持说:"我们去走走吧。"我们在街上走了一会儿,我问他:"先生,您到底想做什么?"他回答我:"我在看商店里各种商品的价格。"他其实是在根据店铺里商品的价格来推断泰国的经济形势。这是 60 年代的事情。他真的是一个务实的人。

问:他赞成新加坡与马来西亚合并吗?

答:不,我想他从来都不相信马来西亚,因为他知道这是一条非常难走的道路。我可以给你讲个例子。那个时候我们出台了一项投资移民的政策,只要能在新加坡有 100 万新币的储蓄就可以移民到新加坡来。当时我在经济发展局工作,所以,我经常要给吴庆瑞博士准备一些补充材料,建议哪些人可以获得移民批准。

1963 年,就在我们要去访问马来西亚的两周之前,吴先生叫我去他办公室并跟我说:"严,你去把所有申请人的名单拿给我,不用写任何分析,只要申请人的姓名和他们准备的资金就可以了。"然后我就把名单给了他,他马上就批准了所有的申请人。我惊讶地问他:"您怎么能这样子批准所有人呢?"

他回答说:"一旦我们与马来西亚合并,吉隆坡那边肯定会知道这件事,他们肯定会阻挠我们吸收这些移民。他们一定会让所有人都来不成。"这就是他的精明之处。他接着说:"现在我们应该提前作好我们想作的所有决定,因为他们一定会想办法控制我们的。"

后来吴庆瑞博士也参与了新加坡与马来西亚的货币谈判。那个时候的财政部长是林金山先生。我记得我跟随吴庆瑞先生,还有沈基文和黄金珠(Elizabeth Sam)一起北上,参加了很多轮的谈判和会议。当时吴先生在国防部工作,他告诉我们:"我认为我们永远也不可能达成一个统一货币的协定。迟早有一天谈判会崩裂,你们猜得到谈判崩裂的原因会是什么吗? 一定是关于我们外汇储备的控制权。"

最初,马来西亚允许我们根据我们自己的外汇储备量来发行货币。马来西亚也根据他们自己的外汇储备发行他们的货币,所以就有"S"系列的新加坡货币和"M"系列的马来西亚货币。当时是货币局制度,发行的货币量不能超过国家所拥有的外汇储备量。

一开始我们以为马来西亚会赞同统一货币制度,但是到了谈判的最后一刻,当时马来西亚的财政部长陈修信先生却提出:"新加坡可以按照自己的外汇储备发行货币,但是新加坡的外汇储备一定要由马来西亚来管理。"这就是导致谈判崩裂的原因:对外汇储备的控制权。吴庆瑞博士之前的预测简直是精确之极。

问:这件事是发生在 1973 年两国的货币开始各自独立的时候吧?

答:是的,但是在这之前进行过很多回合的谈判。而吴庆瑞博士非常精明,很早就预测到了谈判会崩裂。

当时的新加坡总理是李光耀先生,他也是一个非常精明的人。我记得他嘱咐我们:"不管你们现在和马来西亚那边是怎么交涉的,一定要把来往信函记录下来,你们要知道早晚有一天整个事件将会被公之于众。"

实际上,李光耀先生和吴庆瑞博士对这次谈判的崩裂都是有所准备的。所以每一封信函都以书面形式保存了下来,准备将来公之于众。他还教导我们如何写这些信函,使我们表现得更有道理,因为我们要用事实证明我们是对的。李光耀先生一直提醒我们:"这些信件将来都会被公开的,所以你在写信的时候心里一定要清楚你现在写的东西总有一天都会被公开。"

我想做外交工作的官员对这一点都很了解了。如果你准备写信给其他政府,一定要明白将来如果有一天两国发生纷争,这些信件都会被曝光。所以,在我们与马来西亚的货币谈判崩裂之后的几周之内,我们便公布了一个官方声明,从我们的立场出发讲述了整件事情的来龙去脉。

问:李光耀先生是从什么时候开始不相信马来西亚了?

答:李光耀先生一直都相信马来西亚,是吴庆瑞博士不相信他们。

问:我们可以再谈谈 60 年代吗? 您还记得温斯敏博士吗?

答:当然,我曾经在工作中跟他接触很多。他是 1961 年来到新加坡的。我说过,我是我们经济发展局最年轻的公务员,所以,是我到机场去接的他。我记得,我当时要求看一下温斯敏博士的护照,他就说:"你可去向唐先生要护照。"他说的唐义方先生,是联合国开发计划署的秘书。我不得不说,温斯敏博士和唐义方先生真的是新加坡的贵人,他们全心全意地为新加坡作出了巨大贡献。

问:工业促进局是什么时候改成经济发展局的?

答:是在 1961 年。我帮助韩先生建立的经济发展局,随后我就跟随他到那里工作,他带领我、比莱和丹那巴南三个人。

问:还有谁留在财政部?

答:沈基文和侯永昌留了下来,他们在我们楼上办公。

问:那么你们是搬到了二楼?

答:是的,关于这个我还可以告诉你一个小插曲。这是韩瑞生先生后来跟我说的。那是我们刚开始建立经济发展局的时候,韩先生让我下去到富乐顿大厦的二楼,通知那里的俱乐部从那一层搬走。韩先生说,当时我听到这句话以后马上面无血色,脸色煞白。你要知道,那个时候我真的非常年轻,而且我要到楼下去通知那个俱乐部,把他们从那里赶出去!

问:那您就去传达通知给那个俱乐部了?

答:是啊。我只是一个很年轻的小公务员,而那个俱乐部在当时非常出名。它可以算是当时最好的俱乐部了,是英国资本家的集聚地。所有的成员都是像壳牌石油这种大公司的主席,还有各个商行的主席,而我,要去命令他们离开那里。韩瑞生让我下去把他们都赶走,很多年以后他还总提起这件事,说我当时吓得脸色煞白。我记得当时俱乐部的秘书是 Pavitt 船长,海运公司的主席。我把通知传达给了他。

问:他们没有反抗吗? 他们是不是有一些合法权利?

答:没有,他们并没有法律权利占据那里,他们只是租用那个地方。我下去找到 Pavitt 船长,告诉他,你们只是这里的租户,请你们在某月某日之前搬离这里。后来,经济发展局就搬到了以前乡村俱乐部占据的这一层。正因为如此,我们经济发展局的办公室才会这么宽敞舒适。那个俱乐部是60 年代最好的俱乐部,有非常大的影响力。

然后,我就成了韩先生唯一的行政助理,一切工作都是从零开始。如果我没有进这个部门,而是去了财政部的那些财务相关部门,那里就会有很多的高级文员帮你做这些事情,那样你就永远学不到东西。我一直相信亲历亲为是最好的学习方法。永远不要让别人来帮你做事情,那样你永远也学不会。

问:那个时候谁在财政部那边工作?

答:其实这个部门是所有政府部门里最恐怖的地方,当时主要负责人有 Tan Chok Kian 和 George Bogaars,他们是传统财政派,主张政府调控,也称作预算和监管。但是经济发展局却和他们大相径庭。我们和他们不同,因为我们是"新经济"组织。虽然我们是一个很小的组织,但是我们有很好的领导团队:吴庆瑞博士和韩瑞生先生。

吴庆瑞博士是一个很聪明的人,也许你会觉得我的观点比较老套,但是我多次在公共演讲中提到,新加坡非常幸运地拥有一个必胜的团队。李光耀先生在政治上高瞻远瞩,吴庆瑞博士是经济方面的设计师,我们还有韩瑞生先生这个务实的实干家,这就是一个必胜的组合。

但是不要问我,这样的组合在如今的内阁成员里是不是存在,我无法回答。但是他们应该具备这样的团队:一个政治上的领袖,一个经济设计师和一个实干家。这对新加坡来说非常重要。但是现在只有李光耀先生还健在，其他两位已经离开了。

问：现在我们还可以建立一个这样的团队吗？他们几位都是特殊历史环境的产物。

答：确实是历史造就了他们。但是我们一定要有一个团队，无论是什么样的团队，起主导作用的永远是政治领袖，就像李光耀先生那样。我们必须有一个政治领袖，然后还要有一个经济上的建筑师来设计和制定经济政策，最后我们还要有人来实现这些政策，所以三者缺一不可，这才是一个必胜的团队。

问：您是从1961年开始在经济发展局工作的？

答：是的，从1961年到1963年。然后我就离开那里到了哈佛求学，后来又回到经济发展局工作了两三年，我负责裕廊区的土地规划项目。在这个方面我和吴庆瑞博士产生了一些分歧。

当时我们在那边建了很多房屋，但是那些工业家们并不想让工人搬进这些住宅区，所以，吴庆瑞博士就想出收通行费的方法。每当一辆满载工人的巴士或者货车经过在裕廊区修建的大门进入工业区时，他们就要交一定的通行费。这种做法是为了鼓励工人们居住在大门以内的那些地区。虽然我不赞成，但是幸好我并不一定要执行他的想法。后来裕廊区的区长，Woon Wah Siang先生先生修建了那个大门。我认为其实是因为经济形势变化了，人们需要住房了才会搬到那片住宅区。吴先生是个聪明人，但是在这一个问题上，我并不是很赞成他的做法。

问：1965年新加坡和马来西亚分裂以后发生了什么事情？

答：唐义方先生对新加坡的经济发展起到了非常重要的作用。在分裂之前，我们走的是进口替代道路，目的是发展新加坡本地的工业，所以那个时候我们征收很高的关税，而且我们当时的目标市场是马来西亚共同市场。

但是当我们从马来西亚分离出来以后，我们就失去了这个共同市场，连国内市场都没有了。那时唐义方先生就跟吴庆瑞博士说："好吧，那么从现在起，我们必须转变成出口导向型。"然后一夜之间所有的关税都被取消了。

问：那个时候是有300多种类别的关税吧？

答：是的，我们一下子就取消了所有的关税。因为这件事，我对我们的中小企业一直深感内疚。他们一直信赖政府,我们让他们相信了马来西亚共同市场的美好前景,然后我们为了保护这个市场又建立各种关税,他们就充满信心地开始建设工厂经营业务。

所以,当我们从马来西亚分离出来以后,他们就成了"竹篮打水一场空"。他们中的许多人都陷入困境。我还记得有一个人几乎血本无归,失去了所有的投资。我真的为他感到很难过。他经营纺织类产品,拥有一个工厂,生产"天鹅"牌袜子。和其他那些中小企业家一样,他一直相信我们会打入马来西亚共同市场。然后突然有一天这个市场不存在了,他们都被悬在半空,进退维谷。后来,我们又引进那些跨国公司到新加坡来投资。所以,有时候没有办法,我们不得不根据现实进行调整。当我们作了错误的决定,殃及的是那些商人,我真的对那些中小企业感到很抱歉。

但是,现在我很高兴能看到我们的中小企业已经变得越来越独立了。他们大部分生产零部件和从事加工贸易。我想,在这方面经济发展局也起到了一定的促进作用,因为我们建立了一个培训中心:工业培训中心。到我们培训中心来学习的都是那些几乎没有上过学的人,在这里他们学到很多技术,然后他们就可以到那些大型跨国企业去工作,例如禄莱公司等等。他们现在都已经成了成功人士,我们的中小企业也都变得独立起来。

问:是不是现在的企业家都是从经济发展局的课程中培训出来的?

答:确实如此。当初我们培训他们的时候,我们也没有想到他们将来都会变成明星。还有一个比较有讽刺意味的小故事。已经去世的 Ong Wee Hock 先生当时担任培训中心的主管,那时我是主席,所以我经常跟 Ong Wee Hock 先生开玩笑说:"Wee Hock,你这是在对牛弹琴。"他就非常生气。

我的意思是说,工业培训中心的那些学生看起来都是最没有前途的人,可是到了最后却成为真正的企业家。生活就是这样不可思议。就像池塘里生长的水莲花,池塘虽然又脏又臭,可是有一天,会有一朵美丽的莲花从淤泥里脱颖而出。

现在我可以告诉你,我们本地的公司,那些私人企业的老板,大都是从我们的工业培训中心出来的。一部分人从培训中心出来就直接开始建立自己的公司,另外一部分工程师先去了跨国公司工作一段时间然后又出来自已做。他们现在是我们本地制造业的中坚力量。我们的中小企业走过了一条漫长的道路。

现在新加坡开始发展生物科学,我就一直在思索这个问题。如今我们把焦点都集中在那些学术明星身上,他们会成为创造新产业的人吗?这是我的担忧之一。我希望他们能够成功,因为他们是我们的未来,我们已经把赌注押在了他们身上。

我希望继我之后在经济发展局工作的人,在他们规划行业发展时,能牢记那一段历史。那些经历艰难的拼搏最终取得成功的人,都是最没有优势的人。就像我们最开始的时候,一穷二白,不能把赌注押在任何人身上。那些中小企业家们就是这样走出了他们自己的成功之路。

问:他们靠自己的拼搏走上成功之路,这就是成功的秘诀吗?

答:是的。我在经济发展局做主席的时候,从来不赞成政府补贴。你需要给一个人补贴,就意味着他的盈利水平基本上很低,你可以理解吗?所以,我们可以给予优惠的税收政策,帮助企业培训他们的员工,也可以采取措施促进出口。但是我们从来不会给予补贴。

但是现在越来越多的人要求政府给予补贴。我个人认为,这不是一个健康的趋势。有些国家的政府给予补贴,但是到最后能支撑经济发展的行业都不是靠补贴取胜的。

我非常清楚地记得,在我做经济发展局主席期间,遇到过一个爱尔兰裔的美国商人,Hyster公司的董事长,他的公司生产铲车。他来到新加坡发展,打算在这里设立一个工厂。当时我的下属都迫切地希望能吸引到他来这里投资,因为在那个时候,铲车已经算是高科技的产品了。后来我就跟他见面会谈,我告诉他我们可以给他优惠的税率,也可以帮他选地建厂,甚至可以帮他培训员工。但是他还是说:"不行,这样还不够,你们必须给我补贴。"

我就想,如果这样他还要求补贴,这就说明他对他自己的公司没有信心。他最后说:"严先生,如果你不给我补贴,我就会选择去爱尔兰设立工厂,因为爱尔兰政府已经答应给我提供补贴了。"所以,我就说:"好吧,那就祝你好运。"后来他就真的去了爱尔兰。三年后,我在《金融时报》上看到关于他的公司的报道,尽管他们得到了爱尔兰政府的补贴,最终还是破产了,当时我的心里真的感到很庆幸。

如果一个公司的竞争力不够强,那么他们会需要一定的补贴。但是对于补贴,我们一定要非常谨慎。我认为,我们可以补贴教育和基础设施建设,但是不应该补贴公司。我永远也不会赞成补贴公司的做法。

问:您在1965到1970年期间是和沈基文还有黄金珠一起在财政部工作吗?

答:是的,从哈佛回来以后,我回到经济发展局工作了很短的一段时期。然后,沈基文当上了经济发展部门的常任秘书,所以,我就和比莱一起回到财政部工作。丹那巴南先生留在了经济发展局。后来,韩先生建立了新加坡发展银行(星展银行),丹那巴南先生就过去当了行长。我又回到了经济发展部门,沈基文那时还担任常任秘书。

那个时候我们正在处理与马来西亚分离的相关事宜,一切都要分:货币、关税……所有的东西。再也没有共同市场了。而且那时还要处理英国殖民者撤离的问题。

问:那是最困难的时期吧?

答:唐义方先生在经济政策方面真的很有开拓精神。在与马来西亚分裂之后,他对吴庆瑞博士说:"不要再指望国内市场了,现在已经没有共同市场,我们应该把世界上其他国家都看作我们未来的市场。"发展出口制造业是当时的唯一选择。我们不得不吸引那些大的跨国公司进来。唐义方和曾振木这两个人是吸引跨国公司到新加坡投资的最大功臣。

问:那个时候突然放弃了发展本地工业,很多人都难以接受吧?

答:我们别无选择。从与马来西亚分裂那一天起,我们就没有了共同市场。但是我可以告诉你,站在现在的角度看,我们当初采取关税保护绝对是一个错误的道路。我还清楚地记得我们取消关税的那一天。我们过去对牙膏征收很高的关税,高露洁也在新加坡生产牙膏,我们取消了关税以后,他们的价格竟然一点也没有降低!

所以,我就打电话给高露洁本地公司的经理,告诉他:某某先生,我们已经取消了关税,你们的商品价格应该降低百分之多少多少。他回答我说:

"不,严先生,我们的商品是根据市场承受能力来定价的。为什么你们取消了关税,我们就要降低价格呢?"因此,他们就一直没有降低牙膏的价格。所以说,发展本地的工业并不一定就能使价格降低到市场合理价位,只有竞争才能实现这一点。后来我们就引进其他品牌的牙膏进入新加坡市场,那时高露洁才开始降低价格。

由此我认为,竞争才是提高效率的关键,而不是采取保护措施。而且,即使你取消了保护措施,也并不意味着生产商就会跟着降低价格,这是不可能的,只有竞争才能使价格降低。

问:您在财政部发挥了很大作用。

答:有一段时间,我实际上担任了新加坡中央银行行长的角色。我这样说是因为那个时候我经常要到世界各地参加各国央行行长的会议,接触过马来西亚央行行长 Tun Ismail 先生、泰国央行行长 Puay Ungpakorn 博士和菲律宾央行行长 Castro 先生等。那个时候,新加坡金融管理局尚未成立,所以,各国央行行长的会议都是由我代表新加坡去参加的。

在那些大会上,我总是最年轻的一个代表。这也是我为什么会认识现在的泰国央行行长,他那个时候是帮 Puay 博士拿包的年轻小伙子,现在已经当上了泰国央行的行长。这些都是发生在我们建立新加坡金融管理局之前的事情了。

问:为什么我们不把它叫作新加坡的中央银行呢?

答:这个是吴庆瑞博士的功劳。他一直深信货币局制度。我必须说,新加坡有两项非常成功的政策,是我们自己独有的。一个是中央公积金制度,还有一个是货币局制度。虽然这两个制度都是英国殖民者留下来的,但是因为他们效果非常好,我们独立以后还是保留了下来。

先说说货币局制度。这是早在世界大战爆发以前就发明了的,它的起源来自那些英国殖民者。英国白厅的那些官员一直在想:"我们不能相信殖民地的那些官员,不能给他们权利自由发行货币。"所以,他们就想出了这种货币局制度。在货币局制度下,你每发行一个单位的货币,必须有与之相等的外汇储备量做后盾才可以。每一单位的货币都要对应等量的货币储备,所以,这个制度就能自动保证货币的稳定性。这是一个非常完美的制度,永远也不会导致货币贬值。发行的所有货币都有外汇储备做后盾,而这些外汇储备都由英国政府控制着。

货币局制度真的是一个非常聪明的想法。后来在英国人撤离新加坡以后,吴庆瑞博士也没有改变货币局制度。他认为我们的货币一定要由外汇储备做后盾。即使到今天,我们还是坚持着货币局制。这也是我们的货币一直都非常稳定的原因。我们的财政部长没有权力增发货币,除非我们的外汇储备增加了。新加坡政府永远不能随意印刷钞票,所以,我们也永远不会面临资本外逃引发通货膨胀的危机。

货币局制度是由英国殖民官员想出来的,因为他们不相信殖民地的政府能正确地发行货币。但是,这些英国殖民者强加给我们的政策最后却变成了我们最大的优势。

问:那中央公积金是怎么开始的呢?

答:当初新加坡的政府公务员在退休以后都有资格领取退休金。所以,我们在退休以后,都会向英国政府索要这笔退休金。我可以想象英国财政部的那些人是怎么想的:"为什么英国要付给这些人退休金呢?为什么是我们支付?我们应该让他们自己付钱给自己。"

所以,他们就开始设立新加坡中央公积金。所有的政府公务员都要自己存钱,为退休以后作准备。英国殖民者不想承担为我们养老的责任,不想支付给我们退休金,才设立了中央公积金制度。这就是中央公积金制度的起源。英国殖民者在他们的殖民地都采用了这个制度。

但是,他们并没有在英国国内采用这种制度。同样,他们也只在殖民地采用货币局制度,而在国内却没有。所以,他们自己的英镑汇率波动得不成样子,而他们自己却无能为力。这些殖民主义的政策最后变成了非常适合新加坡国情的政策,帮助我们把国家治理得井井有条。

吴庆瑞博士经常说,英国人是最聪明的。他们投入的每一分钱,都要寻求最大的回报。但是他们最大的问题是,他们愿意付出的投入太少了!对于这两项政策,我们确实应该感谢英国人。他们把严明的纪律灌输到那些殖民地,这样其实是为我们创造了福利。

问:您开创了新加坡许多现代的金融机构,为此受到很多人的尊敬。

答：那时我和黄金珠还有沈基文一起工作，我们是创立新加坡金融管理局的执行人员，韩先生当时是财政部长。

但是，这个主意还是由吴庆瑞博士提出来的。他太聪明了。他说："现在，我们必须建立两个机构。一个是金融管理局，可以管理货币的短期浮动；另外一个是政府投资公司，来作长期的投资。"所以，实际上他把中央银行划分为两个组织：一个是金融管理局，另外一个是政府投资公司。这样就可以保证金融管理局不会任意使用我们的外汇储备。吴博士是如此聪明的一个人，这又是他的奇思妙想。

问：1967年，英镑有一次大幅度的贬值，对吗？

答：是的，在这次英镑贬值中，林金山先生发挥了重要作用。吴庆瑞博士很有先见之明，在英镑贬值前，他就已经把我们的资金从英镑转换成了其他货币，尽管当时英国一再写信给我们要求我们不要撤出。你也知道，在那个时候有一个英镑区，英国一直给我们施加压力，要我们继续留在英镑区。所以，我们应该感谢吴庆瑞博士，他的策略使我们没有在这次英镑贬值中蒙受太大的损失。

问：您也没有像马来西亚那样采取跟随英镑贬值的措施？

答：是的，我们的货币没有贬值，因为我们当时已经从英镑撤离出来。

然后就是投资黄金——关于黄金我还有一个故事要讲。新加坡最早购买的100吨黄金储备，也是吴庆瑞博士的功劳。当时吴先生是财政部长，他经常随身携带一个"555"的记事本。在那个时候，即便是一个卖面包的也会在口袋里装一个这样的"555"记事本，以便随时记下赊账的数目。可是像吴庆瑞博士这样的大人物，也会在口袋里装一个"555"记事本。

每天早上他来到办公室，都会叫我或者沈基文或者比莱过去，然后拿出他的"555"记事本，查找出某一页，对我们说："今天你的任务是去调查这个事情。"所有的东西都记在他的小记事本上！

有一天他叫我写一篇关于黄金以及美元—黄金本位制度能否延续下去的报告。然后我就按他要求的写了份报告，认为美元—黄金本位制度不可能延续下去。然后他就说："如果情况如此，我们最好现在就去南非购买黄金。"

接着，1968 年我们就去参加世界银行大会。当时南非的领导人也参加了大会，我们就邀请南非的财政部长到我们的酒店房间面谈。他来了以后就说："在我们开始谈话之前，必须要把电视打开，音量调高。"我们就打开了电视机，音量开到最大。这可是在华盛顿的市中心！然后吴庆瑞博士就说："我们打算从你们那里购买黄金。"吴博士想用一个固定的价格购买，而不是按市场浮动价格。所以，我们就跟他们达成协议：以每盎司 40 美元的价格购买 100 吨黄金。这着实是一个大数目了。而当时的市场价格只有 35 美元，我们的价格比市场价格高出一些，为的是可以按照这个固定价格购买。

南非的财政部长也同意了，他说："好的，到时候你们派人到瑞士，我们在瑞士付款交货。"然后他便拿出一张一美元的纸币，当场撕成两半。他把一半交给我说："你收好这半张，我会保存好另外一半。到时候我的人会在瑞士与你们会面。"

几个月后，我和黄祖耀先生一起去了瑞士。到了瑞士银行，银行负责人问我的第一个问题就是："您带来您那一半了吗？"我回答："是的。"然后我就把我拿着的那一半美元纸币交给他。他拿出另外一半，两者正好能拼成完整的一张纸币，序列号码都相符。

那个人说："好了，您的身份已经通过验证。"就是这么简单，完全不需要任何授权信件或者身份证明。我们就这样买到了 100 吨的黄金。到现在我想我们的黄金储备还有充足的盈余。我们买入的价格是 40 美元，现在即使黄金价格跌到 250 美元，我们还是可以赚很多。

这就是新加坡买入的第一笔黄金。我们打破了国际社会对南非的贸易制裁。而且，我们正好是在美国总统尼克松废除美元——黄金本位制之前，以非常低的价格买入的。我们真的是非常幸运。

后来，我们买入了越来越多的黄金，但是价格都比第一次的高。新加坡的第一笔百吨的黄金，就是由我和我的顾问黄祖耀先生一起买入的。

问：正是因为您的那份报告才使得吴庆瑞博士想要购买黄金的吧！

答：当你阅读经济报告时，必须对市场有一定的感觉，能把握市场的动向。这一点是一定要培养出来的，而吴庆瑞博士在这方面是一个非常好的老师。新加坡金融管理局刚建立起来的时候，担任主席的吴庆瑞博士经常邀请我参加他们每周一的会议。我敢保证，参加这个会议绝对是金融管理局的官员最恐惧的事情，对这些可怜的人来说，每周一都是一场折磨。黄国松先生是其中的一员，每个周一他都要准备关于美元汇率的材料，报告上一周的汇率。然后吴庆瑞博士就会问："那么你对下一周的汇率走势有什么预测？"国松就要给出他自己的预测。然后一周之后，吴庆瑞博士必定要核对一下实际的汇率和国松的预测是不是相符。

这是非常好的培训方式！在几分钟之内，这些官员必须快速给出他们的预测。现在这些人都成了中央银行的分析师，或者是商业银行家。吴庆瑞博士就像一名教授，他辅导这些学生，并要求他们最后通过他的考验。虽然这个过程对他们来说是痛苦的，但是他们最终却从吴庆瑞博士那里获得了最宝贵的知识。

问：如果让您比较吴庆瑞博士和韩瑞生先生，您有什么看法？

答：如果在公务员中推选一名英雄人物，那一定就是韩瑞生先生。韩先生从吴庆瑞博士那里得到一些想法，然后他会以最高的效率实现这些想法。我们有这样一个由三人组成的团队：一个政治领袖，一个设计师和一个实干家。这个实干家就是韩瑞生先生，他是新加坡政府机构的创建者，是我和比莱还有丹那巴南心中的英雄。他从来不会对我们任何人发脾气。他生气的时候，只会变得更安静，一句话不说。这个时候你就应该知道他不高兴。作为常任秘书，他非常了解他的下属。他从来不会训斥我们，只会非常委婉地更正我们的错误。

问：那吴庆瑞博士呢？

答：吴庆瑞博士会在一开始的时候考验你，然后再决定你是不是值得他栽培。不值得的话，他就直接把你从他的名单中删除掉了。他的脾气有点变化莫测，我只领教过一次。那时我还是个初级公务员。有一次我去他位于富乐顿大厦的办公室找他。我刚走进去的时候，他还是笑容满面，看着我的报告，说："嗯，不错。"然后，不知道他一下子想起了什么，几分钟之内他的脸色从晴天变成了雷电，突然拿铅笔丢向我。

我马上就跑了出去。我找到他的秘书谢女士，跟她说："刚才部长拿铅笔丢我，我只能跑出来了。"谢女士告诉我："你的做法是正确的。"事实上，他根本没有注意到我已经离开了他的办公室。这是唯一的一次我见识到他的脾气，他能从晴空万里一下子变成电闪雷鸣。所以，你要跟他打交道的话，一定要十分了解他的脾气。

我从吴庆瑞博士和韩瑞生先生那里学到了很多，他们都是很好的老师。当我给吴庆瑞博士提交报告的时候，他会不厌其烦地帮我修改。也许是修改一两个用词，也许是在我的数据旁边打一个问号然后返还给我。我就要重新检查一遍修改错误，然后再提交，这样他才会通过。这就像是在学校一样，你可以得到最好的培训。

现在我们的孩子们已经不再写作文了，但是在以前，一个好的老师总是很恰当地批改作文从而提高你的写作水平。他可能在这里或者那里修改一两个词，就能把一篇粗糙的草稿变成优美的文章。吴庆瑞博士和韩瑞生先生以前就常常这么做。

我从这两个人身上学到了很多。他们不惜时间地教我，帮我改正错误。现在我们常说要建立可以学习的组织，我们在许多年以前就已经是一个可以学习的组织了。我们向我们的老板学习，他们一对一地教我们。

确实，我们那时的政府部门很小，但是我认为，现在政府人员的大量增加也不应该成为不辅导年轻职员的借口。我担任常任秘书以后也尝试这样去做。我会跟年轻的官员讨论他们的工作，让他们去做，然后指出错误帮他们改正。这是我从那两个伟大的人那里学到的，一对一的辅导。

问：能跟随他们工作的确是很幸运的事情，可以学到很多东西。

答：其实李光耀先生自己也是一个很好的老师，他曾经做过律师。如果你是李光耀先生的秘书，你就永远不要试图揣测他的想法。李光耀先生在当总理的时候，他的秘书是 Wong Chooi Sen 先生。李光耀先生的字非常干净整齐，他一般会在边上写下评语，而 Wong Chooi Sen 先生就要一字不差地按照评语来修改。他曾经说："你永远不要更改李光耀先生的原话，他怎么写你照着改就对了。"现在的私人秘书总是试图用自己的话表述老板的意思，这样其实是错误的。永远不要试图诠释老板的话，尤其是那三个伟大的人物。

问：1965 年以后新加坡经济开始腾飞起来。

答：从与马来西亚分裂那一刻起，我们就明白进口替代是条错误的道路，共同市场没有了，整个大环境已经改变。所以我们转向了出口，目标是整个国际市场。现在回想起来，马来西亚把我们踢出来其实是一件非常有益的事情。我们现在获得了自由，可以遨游整个世界。

我一直都认为，新加坡是一个很小的国家，人口很少。只要我们能一直保持竞争力，我们就可以继续生存下去。这是一条最基本的信仰。

但是，我们永远不能高估了自己，这是最大的危险。除此以外，做新加坡财政部长并没有太大的困难。新加坡的问题都是小问题，五到十年之内都可以解决得掉。但是如果你是中国或者印度的财政部长，你可能就需要三到四代的人去解决那些问题了。

问：新加坡的高速增长一直持续到了1973年，那年发生了石油危机，您又回到了财政部。

答：是的，我在交通部工作了两年的时间，然后又回到了财政部。那场石油危机在1974年对我们的打击很大。但是我认为，由于我们有优秀的领导团队，我们在这次危机中幸存了下来。我说的领导团队还是那个三人组合：李光耀先生，吴庆瑞博士，还有韩瑞生先生。韩先生当时是财政部长。

石油危机爆发时，很多国家都试图控制油价。但是韩先生很早就决定我们不会给予石油产品任何补贴。他说："就让石油价格涨上去吧。"他还说了一句让我一辈子都记得的话，他说："我们最好一口气把药吞下去。"多么聪明的一个人！这就是我们处理石油危机的方法：我们一口气把我们的药吞了下去。日本也和我们一样，任由石油价格上升。在1974年的第一次石油危机中，他们控制了所有的钢铁厂和电器生产厂，把那些效益差的全部关掉了，所以可以作结构上的调整（但是现在他们似乎又迷失了方向）。其他的国家都通过补贴或者其他措施试图减慢石油价格的上升，这样其实是错误的。我们从来没有那样做过。

问：在1973年美元也有大幅度的贬值。

答：是的，那一年美元开始贬值。但是在那之前，从1972年起，我们就已经解决了失业的问题。我们在1972年就已经实现了充分就业。在那以前，我们一直把工资水平定得很低，低于国际平均工资水平，所以那些大工厂、跨国公司才愿意到新加坡来。我们没有失业问题了,这就意味着新加坡工业化道路的第一阶段——以创造就业为目的的"劳动密集型"工业——已经完成。

然后我们就开始了第二阶段的发展,就是所谓的"高工资高技术"政策。在那个阶段以前,我们一直把自己定价过低。虽然我们不能给自己定价过高,但是也不应该过低定价。所以我们就开始提高工资水平。就是在那个时候我们建立了国家工资理事会,帮助我们把工资抬高了一个台阶。但是我们并没有让工人得到这笔钱然后去买消费品,而是把多出来的工资投入到了中央公积金局。

从 1972 年起,我们就提高了工资,并开始了新加坡工业化道路中的"技术密集型"阶段。我们已经把劳动力提升为高工资高技术的人群,这就是我们工业化的第二阶段。

我们的第一阶段是为了解决就业问题,引进低成本劳动密集型的工业。第二阶段是迫使雇佣者培训他们的员工,教他们技术然后付给员工更高的工资。多出来的工资我们通过一些措施汇入了中央公积金局,这样就可以让那些员工从建屋局购买房屋。

第三阶段,从 1990 年开始,我们走上了发展"知识密集型"的工业化道路。我认为知识密集型经济会带给新加坡最大的契机,同时也制造最大的挑战。对于前两个阶段,我们都可以依靠自己解决所有的问题。但是第三阶段,知识密集型经济是一个关系到全球经济的问题。

作为一个经济学家,我总是想把事情简单化。古典经济理论认为,生产要素有三个:土地、人力和资本。新加坡在这三方面都没有优势,所以我们潜在的国民生产总值的增长不可能超过一定范围。

但是在知识密集型经济形势下,知识可以作为一个杠杆影响其他三个要素,所以我们就可以超越土地、人力和资本的限制实现经济的增长。我们的潜力将变得无穷大。这就是我信仰的经济理论。可以说知识密集型经济解放了新加坡。

但是这个问题的另一方面是:它将关系到整个世界经济。世界上所有的人都可以得到这些知识,它具备很高的流动性,所以我们必须具备国际竞争力。比如说，我们的医生的薪水不能超过世界上最好的那些医生的薪水。我们的工程师也应该对自己有一个非常准确的定价，都应该参照国际标准来定价。

所以，我们要认真思考关于工资增加的问题。在世界经济中，每个人都可以得到免费的信息，这是一个完全竞争的市场，而新加坡只是一个价格接受者，所以我们一刻也不能过高地给自己定价。现在新加坡人必须要和世界上最优秀的人一起竞争。

我有一些商人朋友，他们非常精明。他们曾对我说："你认为我们本地的理发师不用面临国际竞争吗？"我想，当然啦，他们只是在本地提供服务。但是我错了，每个人都可以去距离新加坡最近的马来西亚的新山，在那里理发，即使没有互联网的存在！

我告诉你，这就是知识密集型世界经济的真正含义。一方面，知识密集型经济把新加坡从土地、人力和资本的制约中解放出来；但是另一方面，在新的世界经济下，新加坡不得不和世界上最优秀者一起竞争，而且不能超过他们的定价。

问：我们还必须保证质量，对吗？

答：当然。我们必须提供最好的质量，国际水平的质量。现在新加坡人必须和世界上最好的对手竞争，我们要做到最好。你想做新加坡最好的医生，你想挣 100 万新币吗？你至少要做到和世界上其他地方最好的医生一样。你的工资不用减少一分钱，但是你也不可能再多要一分钱。你要保持在最好的一群人里，而且你要与这些最优秀的人竞争。这就是世界经济的定律：完全竞争。

这是一条很重要的信息。无论怎样，我们应该把它传达给每一个人。新加坡不能给自己定价过高。这是我多年以来一直坚持的观点。

问：在您那个年代，您的薪水并不是很高？

答：我记得我刚参加工作时，我的起薪是 680 元。幸运的是，我是在吴庆瑞博士消减津贴以后参加工作的，所以，我对消减津贴并没有太大的感觉。但是沈基文是在消减津贴之前参加工作的，所以，他的薪水就比以前少了。沈基文以前开的是罗孚车，消减津贴以后，他就说："我现在只能换成大众车了。"

所以，当时我的薪水就是每个月 680 元，那时我一生最大的目标就是可以当上常任秘书，拿到 1950 元的薪水。顺便说一下，这就是韩瑞生先生退休时拿到的薪水。他曾经跟我说："严，你很幸运，我的退休金都不够我和我太太吃两天的米粥。"

问：那你们为什么愿意为这么少的薪水工作？

答：那个时候的人都有一种使命感，我们并不在乎薪水，只是想完成工作。我们目睹新加坡的成长，那是非常激动人心的一个情景。所以，我们都没有算计个人得失。我想最开始的 20 年大概都是这样。

问：那时候您并没有获得太多提升，没有快速通道？

答：我是在工作五年以后才得到第一次提升，用了五年时间！我 1959 年工作，到 1964 年才得到提升，从行政助理变成助理秘书。但是这件事情也显示出韩瑞生先生另一点过人之处。我记得我和比莱已经开始有些不耐烦了，因为这么多年我们都没有任何提升，所以有一天我们两人中就有一个人写信给他。他用很简单的一句话回复了我们："是金子总会发光的。"

他的意思是说，目前有很多职位，有很多工作要做，如果你有能力，你早晚会被提升。在那个时候。我们正在建立许多新的机构，所以有大量的机会。如果你有能力，可以胜任这些工作，你一定会有提升的机会，因为周围有那么多的职位。这就是他的本意。我永远也不会忘记他的话："是金子总会发光的。"

问：现在一切都不一样了。在如今的环境下，我们怎样才能找回以前的那种精神？

答：如果你是要我给现在的内阁提一些建议，我想说，他们解决问题的方法过于呆板了。我的意思是，生活中难免会有一些凌乱不整齐的现象，作为政府你就应该对这些可能都有所准备。所以我希望政府管理不应该是单一教条的风格，而应该是一个充满活力的环境。

政府管理可以有多种多样的风格：有些人善于组织，不善于撰写政策报告；另外一些人非常善于政策分析，但是却连一个野餐也组织不好。所以我认为我们应该更好地利用人才，人尽其用。

现在我们有了一个新的制度：程序化的管理。如今你工作五年之后可以当上代理秘书，十年之后就可以当上常任秘书。在我看来，这样提拔人才是一种非常负面的方法，过于机械化。也许在军队里面可以适用，但是在其他公共部门里，我不认为这是一个积极的措施。我们不应该担心会有太多的人才，我们应该担心的是没有足够的人才。

这里我要再一次提到韩瑞生先生，他的策略就是当他发现一个人才，就会分派给他一个最能发挥他才能的工作。这就是他说"是金子总会发光的"那句话的意思。

他曾经对我说："严，你还是我的下属的时候，我一直在努力发现你的优点，利用你的优点去完成一些工作。你也有一些弱点，但我不会去在意太多。我只是尽力帮助你利用你的优势。所以当你有一天做了老板，你就要分析你的员工，他们有什么样的优点，你要充分利用这些优点，这比你去唠叨他的缺点有意义得多。"这就是韩瑞生，一个伟大的领导。

曾经有一段时间，财政部同时有三位常任秘书：一位是刚从国防部回到财政部负责预算的 George Bogaars，另一位是负责财政收入的比莱，我负责经济发展，所以一共三个常任秘书。有一次就有一个人向韩先生抱怨说："你们的常任秘书太多了。"而韩先生回答："不，我只有三个非常优秀的常任秘书，这些人都是必不可少的。"

现在，人们会担心有些人在一个职位上做得太久，我认为这不是一种积极的管理态度。我的观点是，一个领导如果拥有很多优秀的人才，那么他一定要因才施用，给每个人找到最合适的定位。我们的目的都是为了发展新加坡，所以我们要给人才创造可以发挥的空间。

韩瑞生先生也教给我另外一个道理。他经常说："我唯一的工作就是给你们分配任务，因为我知道你们可以胜任。我研究过你们的才能，知道你们能做什么。分配给你们任务以后，我就放手不管了，你们接过球并要把它传好。"当然，他都是经过认真分析以后才会委派任务，一旦他把任务委派下去，他就真的放手让别人去做。

问：新加坡的政府几乎被认为是最完善的机构，是吧？

答：我想可能是我们在组织管理方面做得比较好。但是我们也不能因此而自满，要把这个优势继承下去。我们必须要有使命感，要为这个使命不断努力。

我曾经问过一些年轻的常任秘书："如今政府机构的目标是什么？我那个时候的目标是解决就业，而你们现在的目标就应该是创造一个健康的经济和社会，吸引更多最优秀的人定居在新加坡。如果这个目标实现不了，那你们就完了，你们都是失败者。"

我认为这是非常重要的，我们当中最优秀的人一定要选择定居在新加坡。他们可以在世界各地发展他们的生意，但是会选择在哪里成家立业呢？这是一个严峻的考验，我认为它非常重要。因为我现在有三个孙子，所以我会尽量看得比较长远。我希望能确保在 50 年以后，他们还能为新加坡感到自豪。这是很重要的一个问题，我们应该不厌其烦地告诫我们的后代。

现在的政府机构的任务比我们那个时候要艰巨多了，他们的工作比我和沈基文那时困难许多。我们那个时候只追求数量，数量上达到目标就可以了。但是现在的常任秘书追求的是质量目标，这个就难多了。

而且他们还面对巨大的变化——从旧经济到新经济的转变。当我还是中央公积金局主席的时候，我就已经意识到中央公积金局的模式只适合旧的经济体制。这个模式是以在一家公司长期连续工作为基础的，但是在新经济形势下，每个人都成了自己的老板、自己的顾问，可能只在一个公司工作三个月，然后又换另一个工作，情况完全不一样了。

也许不久以后，所有的公司都要变成合同制，而且我认为政府机构、公共部门也应该采取这样的合同制，只保留核心部门，可能只有目前政府机关人数的 10％。留下那些部长级别的人，留下那些思想家、领导者来给我们指引方向，因为他们才是核心人物，然后由他们来选择购买别人的服务。

其余那些人怎么办呢？我们可以组建成公司，然后自给自足。

我们应该改变现在政府机构的这种模式。就拿我们的常任秘书为例。每一个部门的部长每年都需要一个财务方面的常任秘书为他工作两个月，但不会超过两个月。也许他每年还需要其他部门的常任秘书，比方说，制造业的专家，为他工作三个月。其实我们可以把这些在某一方面有专长的常任秘书组成一个独立的团队，然后当某个部长需要的时候可以从这个团队里找相关的专家,充分利用他们的专长,完成任务后,就会让他们回到这个团队。

我的意思是,那些常任秘书应该作为咨询顾问。他们是一个可以帮助别人完成工作的团队,双方的合作应该建立在合同制的基础上。我们为什么要一年12个月都留着一个财务方面的常任秘书呢?他们其实可以更好地去为其他部门服务。

问:您是在说我们要有一个更松散、更灵活的管理常任秘书的系统吗?

答:在新的经济形势下,每一个人都要成为全才。每一个部长都需要一个经济学家。如果你是经济领域的常任秘书,你就可以帮他们制定经济方面的决策,但是应该只是作为一个咨询顾问的角色。

所以,这样的一个团队,就可以在需要的时候加入,帮你完成工作,之后就会离开。生活是很残酷的。但是像麦肯锡和理特这些管理顾问公司确实做得非常聪明。他们接到一个课题,就会去找事实,经过非常透彻的分析,最后给你可供选择的建议。当他们完成了这项工作就会离开,你只要付给相应的费用就可以,他们会接着去给另外的人提供服务。你根本不需要长期雇用他们,发给他们薪水。这就是未来的方向。所以说,政府部门的组织模式必须要改变,而且要尽快,因为这是市场的长期趋势。

问:您在政府部门这么多年的职业生涯中,哪一个阶段最让您开心?

答:其实整个过程我都很享受。非要说出一个最开心的阶段的话,那就是我在经济发展局工作的那些年。如果把新加坡比作一个足球队,那么我想经济发展局就是这个足球队的中前锋。因为如果没有投资的话,经济就不可能有发展,没有经济发展,我们所有人的梦想都不可能实现,永远都不可能。

从一开始,经济发展局的官员就被给予很大的自由空间。这也是吴庆瑞博士要在传统政府机构之外建立经济发展局的原因。

我认为杨烈国先生对经济发展局的贡献巨大,他把我们提升到了一个新的平台。因为他知道,经济发展局一定要有非常自由的空间。

韩瑞生先生也是同样的观点。有一次他曾经跟我说:"严,我真羡慕你可以做经济发展局的主席。"那时他是财政部长。他说:"作为财政部长,你交给我报告,我能做的只是写下'同意'或者'不同意',一点满足感都得不到。但是在经济发展局,你们是在创造新东西,制造变化,这些工作才能得到最大的满足感。"

所以,我想我们应该保持经济发展局的这种精神,这样的组织模式。但是我还是要承认,我和我的朋友振木有一次因为胆小怕事而错失良机。那时候韩先生问我:"严,你想做一个咨询顾问吗?我可以按照你能找来的投资额付给你一定比率的佣金,你可以自由支配这笔钱,想买什么都可以。你可以雇 10 个人或者 100 个人。我给你完全的自由来经营经济发展局。"我回去就跟振木讨论了很久,最后他说:"如果世界经济进入衰退期怎么办?我们有可能辛苦劳动却换不到任何回报!"所以,我们就这样放弃了。现在回想起来,我们真的应该接受这个条件!

我是想说,我明白目前在经济发展局工作的都是非常有能力的专业人士,但是如果我们是以咨询顾问的方式来雇用这些人,可能他们的贡献会更大。我相信如果现在我们的政府部门只雇用目前人数的四分之三,效率应该会更高。现在至少 25% 以上,甚至 35% 的人都是多余的。人越多,效率反而越低,因为他们的精力都浪费在明争暗斗上了,根本没有在用心工作。

用 80% 的投入而创造 120% 的产出,这就是对常任秘书一个真正的考验。其实,侯永昌先生甚至要求把投入降低到 50%!他主张把政府人员缩减一半!他的确也是一个激进派的人物。新加坡建屋发展局的历史不可能缺少这个人。我认为,林金山、侯永昌和郑章远是建屋发展局最重要的三个人。

第十三章　一场政治历程的见证人

——访谈录之三

《海峡时报》2003 年 6 月 23 日

问：在动乱的 50 年代做一名学生是什么样的情景？

答：当时左翼主义的浪潮遭遇了受英式教育的人民行动党领导们的颠覆，最终他们战胜并扫除了那些受英殖民主义教育的激进党。C. C. Tan 先生和 John Laycock 先生甚至没有来得及搞明白是什么导致了他们的失败。当时我在读大学，出于好奇，我成为了"社会主义者俱乐部"（Socialist Club）一个懵懂的最底层的小兵，帮助他们分发 Fajar 报纸。回想起来，这份报纸从没有在报亭卖出去一份，却仍然可以按时出版，我一直很纳闷到底是谁在赞助印刷费用。

我那个时候住在杜尼安路的大学宿舍。我印象非常深刻，有一次看到成百上千的华侨中学学生在武吉知马路上游行。李光耀先生曾经比较过马来亚大学的学生和南大的学生，说马来亚大学的学生像是鱼缸里的金鱼，而南大的学生就像那种天生具备攻击精神的小鱼。在我看来，马来亚大学的学生更像是道路两边的水沟里最朴实平凡的"古比鱼"，而华侨中学那些学生们更像是我小的时候在实龙岗花园的池塘里见到的攻击性很强的泰国鱼。

我自己分析了为什么我们这些"古比鱼"在政治方面不太积极的真正原因，是因为我们的家长都是费尽千辛万苦才把我们送到大学，尤其是像我这样要依靠奖学金或者政府资助生活的学生，真的是半点差错都不能出。

问：那时你心里感到害怕吗？

答：说来奇怪，我们一点都不怕。可能是因为当时年轻、乐观，同时也无知和天真。我们海南话方言里有一句俗语："瞎子不怕虎。"后来我们当中确实出现了不少龙虎猛将。林清祥先生后来成为财政部长吴庆瑞博士的政治秘书;James Puthucheary 先生成为工业促进局的主席,这个机构是经济发展局的前身;Heng Hong Ngoh、丹那巴南、比莱和我跟随几位杰出的领导人工作,包括我们经济发展局的常任秘书韩瑞生先生,我们的财政部长吴庆瑞博士,还有我们的前总理李光耀先生。

经济发展处也逐渐发展壮大成为经济发展局,创建了裕廊镇管理局、新加坡发展银行(星展银行),还有现在的贸易与工业部。但是大多数人都不知道,经济发展处成立之初只有四个人:财政部长、常任秘书、行政助理(就是我了)和一个办公室文员。而办公地点位于当时的富乐顿大楼(即现在富丽堂皇的富乐顿酒店)的五层,一个昏暗肮脏的角落。在创业阶段,我们都是先做再说,而现在,一些人是光说不做。

当时的政治策略是不能以暴治暴。面对不断升温的共产主义风潮,我们的处理方法是:用解决就业来平息所有的骚乱。

问:您是人民行动党的党员吗?有没有人要求您加入人民行动党?

答:我的很多朋友都以为我是,但是其实我并不是人民行动党的党员。1972 年,我从交通部回到财政部工作,当时韩先生曾经问我是否愿意被选为人民行动党的候选成员。我请求他给我一点时间认真考虑一下。在我征询了我太太的意见以后,我决定不要加入人民行动党,因为那个时候我的孩子都还很小,我的太太认为我过于耿直,不适合政治权术的斗争。她说的其实很对。许多年以后,那时的总理李光耀先生跟我说,他没有办法把我提拔为公务员首长,因为我太缺乏手腕了。我自己也跟韩先生说,总需要有人来做幕后工作,照顾大局的。他当时对我会意地笑了笑,以后我们就再也没有提起这件事情。韩先生在 1979 年去世,我感觉就像失去了一位慈爱的父亲。

我是 1959 年 8 月加入新加坡政府部门的,当时一起加入的还有 Herman Hochstadt 和来自马来西亚的 Sarjit Singh。我们三个是人民行动党上台以后第一批加入行政部门的公务员,我想我们是属于政治的,但不属于某一个政党。我们不像我们的前辈那样背着殖民主义思想包袱,这是我们最大的优势。作为新政府的执政人员,我们要学会在必要的时候从最基本的做起,白手起家。老一代的政府官员都非常善于维持政府目前的状态,保持固定的速度向前进，墨守成规。如果他们跟不上人民行动党的步伐，就只能离开了。

人民行动党的领导人没有别的选择，只能加快脚步向前赶。当时的失业率高达10％以上，街头有很多游手好闲的人，也有很多人以打零工为生。那时新加坡人都住在市中心的贫民窟或者蚊虫遍布的小村落里。"初生牛犊不怕虎"，我和经济发展局、建屋发展局的那些同事们使出浑身解数，努力发展各种制造工业来增加就业，同时以最快的速度建设房屋。虽然过程很艰难很缓慢，但是我们还是一步一步稳定地创造了就业，并在大巴窑那片沼泽地中建立起几栋拔地而起的高层住宅。

李光耀先生、吴庆瑞博士、拉惹勒南（S. Rajaratnam）先生、杜进才博士以及其他人民行动党领袖，他们非常伟大的一点就是从来不会把党派斗争牵涉到政府管理中来。他们只是靠自己的力量与信奉其他主义的那些领袖以及巫统组织作艰苦的斗争。他们放手让我们这些人去致力于发展经济、进行基础设施建设。事实上，这样保护了我们这些接受英式教育的"古比鱼"，避免了我们直接与那些"好斗鱼"作斗争。虽然当时我们很难接受，但是现在我却深刻理解了为什么吴庆瑞博士会说"那些受英式教育的人应该一辈子对人民行动党感恩戴德"。

问：您工作中接触最多的人是谁？您认为谁是您的导师？

答：我跟随的第一位常任秘书是韩瑞生先生，第一位财政部长是吴庆瑞博士，第一位新加坡总理是李光耀先生。记得有一天，我的心情显得比平时好一些，吴庆瑞博士就跟我聊起来。他说，我比别人在工作上进步得快一些，并不是因为我比别人聪明，而是因为我在正确的时间进入了正确的部门。然后聊起别的，他又说，新加坡之所以发展这么快，也不是因为我们聪明，而是因为其他人太笨了。吴庆瑞博士教会了我很多这样脚踏实地的经济分析。

吴庆瑞博士在我人生中的关键时期曾给予我宝贵的指导。1970年，他把我从新加坡国际贸易公司召回来，让我做交通部的代理常任秘书，那是我第一次做到这样级别的职位。后来我在1986年当上财政部负责预算的常任秘书。当时他把我叫去，跟我说："财政部以后可能还会犯各种错误。最开始的时候,我们犯过一些错误,但影响不大;现在我们条件变好了,科技更发达了,我们应该更小心,不要因为一些小错误耽误了大事。"吴庆瑞博士是新加坡的第一任财政部长,是新加坡经济的设计师,他为新加坡将来的独立自主打下了坚固的政治和经济基础。

我是在职业生涯的后期才担任总理公署的常任秘书,直接为李光耀总理工作。有一次他曾经问我,他是不是变得更成熟了。我回答说,我不知道,因为他年轻的时候我并没有在他身边工作过。但是我清楚地记得这位外表粗犷俊朗的剑桥毕业的律师,以他诱人的魅力和饱满的活力,赢得以华文教育民众为主的丹戎巴葛选区的情景。如今的广播媒体组织的电视辩论根本不能和当时李光耀先生那一代让人热血沸腾的政治集会相提并论。李光耀先生也曾跟我说过,吴庆瑞博士是他最优秀的部长。

李光耀先生做总理的时候,他的管理技巧是让那些最优秀的部长和最优秀的常任秘书去处理最重要、最困难、亟待解决的问题。1959 年人民行动党上台的时候,新加坡的失业率在 10% 以上。因为新加坡是一个城市化的国家,没有农业可以吸收失业人口,政治情形非常严峻。当时李光耀先生就任命吴庆瑞博士为财政部长,任命韩瑞生先生为负责经济发展的常任秘书,依靠他们开创新加坡的经济局面。

财政部长、常任秘书,还有我们经济发展局那些年轻的公务员们,对时局毫不畏惧。我们全心全意地致力于吸引投资,创造就业。有一个比较有意思的例子。唐义方先生继 Eric Meyer 先生(一位来自以色列的专家)之后担任了经济发展局的主管,他给我讲了我们是如何成功地从美国那里得到超出我们最大生产能力的纺织品配额。唐义方先生说,他根本没有拿数字和事实去游说美国人,而是在一次晚饭后,开车载着美国代表团成员在市内转了几圈,不经意地经过那些罢工者游行的地方。是那些写着"反对资本主义"的大红色标语和旗帜起到了作用,让美国人同意给我们一个大单的配额,这配额甚至超出了我们的生产能力。唐先生,一个来自中国的专家,一生留在了新加坡并成了一名最杰出的公民。

如果问我从李光耀总理那里学到了什么,我会说他教会了我治国之本。当时作为总理公署的常任秘书,我有幸能够每年大约有两次机会单独和总理共进午餐。我非常引以为豪的是，在这种时候，总理都会把我看成在思想上与他平起平坐的人。他说，两个人可以文明交流的唯一基础就是对彼此的尊重，没有相互的尊重，谈话就毫无意义。我们的争论都是尖锐并且深刻的，我必须承认大多数的时候都是我输他赢。但是有一件事情令我非常骄傲，我和温斯敏博士成功地说服了李光耀先生扩大工程类学科的招生，结果就建立了南洋理工大学。当时新加坡国立大学的校长认为大学教育只是为少数人——那些高智商的精英们准备的。他们甚至联想到扩招可能使大学教育沦为文凭加工厂，培养出大量粗制滥造、找不到工作、抑郁寡欢的无用之材。他们企图用这样的危言耸听来阻止经济发展局扩大发展大学教育。但是我们明白事实正好相反。当时飞利浦公司研发部门的主任 Pannenborg博士曾经告诉我们，新加坡要做的第一步就是增加受过大学教育的工程师人数，这样才能提高我们的国际竞争力。只有当我们拥有了大量受过专业培训的人力资源，我们才有希望吸引国外的跨国公司在新加坡建立研发部门。

问：您学到的治国之本都有什么？

答：李光耀先生告诉我，想要赢得并守住政权，最关键的是要拥有人才。所以，他坚持一定要通过签订合同的方式使那些获得总统奖学金的人才最后回到新加坡政府部门工作。我对他这个观点的前半部分完全同意，但是后半部分就不太赞同。他还告诉我，要想控制政权，我们必须有坚固的财政作为经济基础，能控制枪杆作为军事基础，还要能通过媒体影响大众舆论。

在我看来，一个强健的经济就好比是打高尔夫球的发球第一杆，一定要朝正确方向打得足够远，否则就很难达到标准杆数。而一个强健的经济也是保持政府稳定的必要条件。我们目前经济上的一些困难不应该吓倒我们，毕竟我们只是一个只有 400 万人口的小国，跟中国 12 亿的人口和印度10 亿的人口相比只是九牛一毛罢了。

但是新加坡不能像一架自动导航的飞机依靠惯性飞下去。有一些最基本的东西一定不能松手。我们永远也不能给自己太高的回报，永远不能给自己定价过高。目前工资的增长已经远远超出了生产力的提高。新加坡货币应该跟随美元浮动，而不是钉住理论上的一揽子货币。新加坡的国际贸易绝大部分都是以美元结算的，即使是在最好的经济形势下，新加坡货币相对美元的升值也是违背经济学常理的。过高的定价和回报，只会给新加坡经济增加负担，腐蚀掉我国的经济支柱。经济发展规律的车轮虽然运行得很慢，但依然是冷酷无情的。

问：你认为那些开拓新加坡的先驱们都有什么样的优点？

答：李光耀先生凭借他的人格魅力和聪明才智吸引了一群忠诚勇敢的人围绕在他周围，心甘情愿地同他一起奋斗。他们都对新加坡抱着极大的信心和希望，对国家的独立和自强作出了巨大贡献。

我在政府部门的职业生涯是从经济发展局开始的。在这个领域诞生了四个伟大的人物，他们是：李光耀先生、吴庆瑞博士、韩瑞生先生和林金山先生。李光耀先生击败了那些想利用失业工人制造混乱然后借机篡取权位的左翼派别。这些左翼人士的口号和标语，在我们这些整日奔波在大街小巷、努力寻找跨国公司投资的年轻经济发展局公务员们看来是那么的空洞无物。如果说李光耀先生是政治领域的摩西，那么吴庆瑞博士这个经济建筑师就是发现"理想之园"的约书亚。别人眼中的困难就是他们眼中的机会。

但是也少不了像韩先生这样的执行者和林先生这样的精明商人来实现这些目标。我从韩先生那里学到最多的就是管理人的方法。他说过，无论你是部长还是常任秘书，你必须能够发现你的下属的优点然后因材施用。这当然不是说我们就应该对下属们的缺点视而不见，而是说利用他们的优点工作效率会更高。相反，一味指出他们的缺点只会降低效率。韩先生还说，作为老板，你的第一任务和最终任务始终是选择合适的人做最适合他的工作。你可以花一段时间来选择最好的士兵去打仗，但是你一旦选好了人，就应该放手让他自己去做而不要时刻提醒他该怎么做。

我还记得在管理人方面韩先生曾经给李光耀先生和吴庆瑞博士上过生动的一课。有一天，李光耀先生和吴庆瑞博士正在讨论为什么他们俩认为很有潜力的一个年轻官员却一直没有很好的表现，韩先生就突然发表了他的看法。他认为李光耀先生和吴庆瑞博士像一个缺乏耐心的园丁，刚把一个小树苗种到了土里，就迫不及待地想看到它长成参天大树、开花结果，还会把小树苗拔出来看他有没有扎根，实在没有耐心。因为韩先生一向都少言寡语,他这一席话让李光耀总理和吴庆瑞副总理一时间目瞪口呆。

林金山先生具有一个企业家应有的敏锐思维和冷静分析。他喜欢听公务员们简洁的口头报告而不是冗长复杂的书面文章。他能从肢体语言中得到比书面语言所要表达的更丰富的信息。他重视结果而不是分析或者过程(用现在的管理术语来讲)。所以,林先生是第一任建屋发展局主席的最佳人选。

当时由侯永昌先生作为建屋发展局的首席执行官,他们一起迅速地清理掉破旧的贫民窟,建起了高楼大厦。在政府颁发给林先生的淡马锡荣誉奖章的证书上面写着:"他解决了新加坡住房问题的关键性难题"。林先生和他建屋局的同事们不遗余力地建造着低成本的楼房,为目前新加坡90%的人口提供了住房,这样辉煌的成绩当然也使人民行动党多次赢得了选举。

但是这样的成绩也离不开经济发展局主席韩先生的英明领导。我们那时都很年轻,以惊人的精力发展建立起各种工业来创造就业,从而保证我们的衣食住行等基本需求。到了1972年,新加坡的失业率下降到3%,基本实现了完全就业,每个想要工作的人都可以找得到工作。但是,完全就业并不是一个永恒的状态。在如今知识为基础的世界经济形势下,新加坡人必须跑得更快更超前。我们永远不能过高地给自己定价,要求过高的回报。如果基本条件达不到,新加坡再优秀的管理也无法支撑起这样的价格。

问:您怎样看待当初和马来西亚合并,建立马来西亚共同市场的想法?

答:在50年代和60年代的时候,发展中国家不论大小,所采取的经济策略都是建立在进口替代政策上的。对贫穷国家,这个政策的引人之处就在于可以把进口阻挡在外,从而能够巩固本国生产者的市场地位,并实现规模效益。这个逻辑不仅简单易懂,并且有两个大国的领袖——中国的毛泽东和印度的尼赫鲁——以独立自主的理由作补充,使那一代人对此都甘之若饴。直到40年后中国和印度这两个亚洲最大,并有可能成为最富的国家才从进口替代这条死路上走出来。

当时,新加坡也没有幸免地走上了这条思路。我们忽略了我们自身市场的大小,只是盲目地想通过与马来西亚合并来扩大市场。即使在当时,马亚西亚想的也只是让我们断绝从其他国家的进口而只对它开放,根本就没有打算给我们一个平等的机会把我们的商品卖到他们的市场去。

我们与马来西亚合并的那两年是最令我们经济发展局的人员沮丧和痛苦的日子。毫不夸张地说，当我们和马来西亚分裂的时候，我和我的同事们都由衷地感到欣慰。我们又重新获得了行动的自由，在温斯敏博士和唐义方先生的领导下，没有耽搁片刻就转向了出口导向型工业化发展的政策。以前我们是低着头看自己的脚，现在我们可以抬起头看着晴朗的天。整个世界都是我们的市场，我们潜在的国民生产总值是实行进口替代策略时候的好几倍。但是还有一个问题，那就是我们一定要成为最有竞争力的人，在我们参与竞争的领域里做到最好。我们必须进入每个国家的经济金字塔里，找到我们可以发挥并为对方创造价值的一席之地。

问：像经济发展局这样的政府机关是怎样处理你们和劳动力市场还有工会组织的关系的？

答：直到1961年人民行动党当中的非共产主义派和 Barisan 派彻底分裂以后，工业生产的混乱局面才结束。Barisan 人士在全岛范围内煽动和组织工人罢工，试图利用失业率这个借口篡取政权。在这个时期，吴庆瑞博士也教会了我这个年轻的官员怎样去处理那些带有政治目的的工人罢工。60年代初期，有一位来自香港、祖籍上海的商人李大卫先生在武吉知马建立了一个生产纺织品的工厂，是当时为数不多的私营企业之一。那时他的工人们发动罢工，他被困在了工厂里。为了把他从当时的困境中解救出来，吴庆瑞博士要我去联系他的贷款银行——汇丰银行——的负责人 Lever 先生。

我告诉 Lever 先生是财政部长让我找他解决那个纺织厂的事情。在我没有给他任何提示的情况下，他直接跟我说，他知道该怎么做。然后他就把那个纺织厂在银行的所有剩余的贷款额度全部取消。因为没有资金，那个工厂就不得不关闭，罢工的工人们也由于法律规定不得不离开了那里。后来李先生把他的工厂转型成为生产铁窗的公司。新加坡的生产部门逐渐稳定平和了下来。我们采取的以跨国公司为基础、出口导向型工业化发展的经济政策使得我们在比较短的时期内就实现了完全就业。

在这一时期，在曾振木先生的成功游说下，手机生产商摩托罗拉把新加坡列在可以考虑的离岸生产基地名单之内。当摩托罗拉告诉我们他们有一项"不得设立工会"的政策时,我们都由喜转悲。由于经济发展局没有办法说服国家工会组织接受这个公司政策,摩托罗拉就转向马来西亚,在八打灵再也和吉隆坡建立了工厂。之后,每次我去吉隆坡参加货币局的会议,在通往市中心的路上经过摩托罗拉的工厂时,都免不了心里有些妒嫉。

问:政府是怎么样管理工资政策的?

答:温斯敏博士在 40 岁以前一直在荷兰的工业发展部门担任主任。后来他还担任荷兰经济发展局的主席。荷兰在第二次世界大战以后变得穷困落魄,但是由于温斯敏先生超强的游说能力,荷兰在很短的时间内就成功吸引了大批的企业投资,实现了完全就业。新加坡在 1972 年实现完全就业的时候,他还跟当时的总理李光耀先生还有韩先生建议,不要重蹈荷兰的覆辙,去采取纯粹的市场定价体制,因为在就业形势紧张的情况下工资就会不断高涨。

温斯敏博士建议我们建立由三方组织的国家工资理事会:由经济发展局主席代表政府,国家工会组织代表工人,还有新加坡雇主协会代表雇主。新加坡国立大学教授林崇椰先生担任理事会的主席。在林崇椰教授积极、公平和明确的领导之下,我们大约每年有两周的时间会聚在一起商讨有关事宜。林崇椰教授是我在大学时期的经济学老师。所以当温斯敏博士让我建议一个合适的人主持国家工资理事会的时候,我们都不约而同地想到了林教授这位经济学家。国家工会组织的主席 Devan Nair 先生担任了工资理事会的秘书长,新加坡雇主协会的主席、讲着一口闽南话的 Desmond Neil 先生代表了大多数雇主,我就代表政府,提供一些经济上的数据。

在最初的几年,我们允许工资上涨,但是上涨的幅度不能超过工人生产力的提高。当时的政策目标是有计划地控制工资的增长。但是随着劳动力市场的紧缩,"跳槽"成了一个新加坡特有的现象。在雇主眼里,"跳槽"可不是一件好事情。然而,"终生雇用制"这个曾经的美德,到如今已经受到越来越多的人怀疑。我们认为,工资的加速增长可以增加雇主之间的竞争,使得边际工资达到劳动力这个稀有要素的边际效率,从而迅速地达到人力资源的最优化分配。

我们要感谢 Devan Nair 先生和他在国家工会组织的同事们。在温斯敏博士的劝说下，他们终于同意接受我们"高工资"的政策，以便能加速新加坡经济的结构性调整。他们的担心是如果工资增长得过快，就会出现失业，他们在这方面比我们两个都更清楚。人们的本性都是先接受回报，然后再考虑要不要去履行自己的诺言。但是因为这件事是由国家雇主协会通过的，所以雇主和工会的领导都能欣然接受国家雇主协会的指令，整件事没有引发任何争论，工业生产平静如初。

虽然新加坡缺少人力资源，但是政府还是采取对外国劳工实行限制数量和高税收的政策，以保证新加坡人至少能和他们在同一起跑线上竞争。老实说，我和温斯敏博士以经济学家的眼光都无法预测到政府会采取这样扭曲、不合常理的政治逻辑。也难怪 Devan Nair 先生在我们提出"高工资"主张的时候那么犹豫不决。我们的政府部门。虽然没有面临任何竞争压力，但也同其他人一样享受到了国家雇主协会制定的工资上涨的成果。

如今，我们生活在一个受高成本约束的经济环境下。国家雇主协会的人告诉我，他们雇佣一个新加坡员工的成本，可以在马来西亚的槟城雇四个、在中国雇八个同等技术水平的劳工。即使以新加坡高质量的管理、高效的基础设施建设和稳定的社会经济环境，也不足以抵消这么大的差距。在现在全球知识经济的环境下，新加坡和新加坡人不能一直按照自己的方式继续下去。没有谁欠我们什么。按照吴庆瑞博士的话来讲，其他人已经并不比我们笨多少了。我们不应坐而待毙。我相信如果我们能勇敢地面对现实，我们一定能克服困难，重新获得成功。

问：在最开始的阶段，像温斯敏博士和唐义方先生这样的外国人扮演了什么样的角色？

答：来自荷兰的温斯敏博士和来自中国的唐义方先生都是新加坡的重要朋友，他们对新加坡的经济发展作出了巨大贡献。他们是在 1961 年作为第一批联合国工业化调查小组的领导和秘书来到新加坡的。当时我还是一个年轻的行政助理，韩先生派我到巴耶利峇机场去接他们。我们当时的目标就是尽快创造就业，还有以最低的成本提供产品和服务，然后出口到各个国家的市场，不管它们是开放还是有保护的。当时我们根本不在乎我们的产品是不是高科技。

我们最早的产品包括服装、玩具、假发、旧船销毁、钢板加工等等，出乎我们意料的，还有炼油（日本的 Maruzen Toyo 公司是最早的一家，也是其他大石油公司，例如壳牌，进军新加坡的催化剂）、船只维修和船帆制造。后来，日本的住友化学公司也促使石油化工业继炼油业之后进军新加坡发展。

在温斯敏博士和唐义方先生的内心深处，他们从来就没有看好马来西亚共同市场。不管怎样，最后还是证明了这只是一个白日梦而已。吴庆瑞博士在 60 年代后期也告诉过我，不要过分相信我们邻国的市场，甚至是供应商，他们中的一些人会难以对付。同样，我们也不能相信那些大国，他们有可能为了自己国家的利益而对我们施加各种政治压力。

韩先生当选财政部长之后，他任命我作为温斯敏博士在新加坡政府的合作伙伴。每年大约有两到三周的时间，温斯敏博士会来到新加坡并对我们的经济发展给出建议。每次来到这里，温斯敏博士都会受国家工会组织秘书长 Devan Nair 先生之邀出席他们举办的晚宴，一同出席的还有他的两位同胞——壳牌石油的 Gerzon 先生和美国银行的 Van Oonen 先生。我会参加他与 Devan Nair 的晚宴，但是从来不会去参加他与 Gerzon 先生和 Van Oonen 先生的晚宴。温斯敏博士告诉我，这两个人都是他的荷兰同胞，如果我这个新加坡人在场，他们就不会也不能畅所欲言。

温斯敏博士告诉我，作为一个外国人，他只能给我们建议，不可能替我们掌舵。他可以教会我如果开车，甚至如何修车，但是作为新加坡人，我必须自己来开车，驾船或者驾驶飞机。用公司管理的术语，新加坡这个公司的首席执行官一定要由新加坡人来担任。即使是我们将要撞车，也应该由我们自己来完成。其他人都不能代替我们做这些。我们的命运一定要由自己来掌握。

第十四章 21 世纪的新加坡精英

——在牛津、剑桥协会炉边会议上的演讲

（2006 年 10 月 27 日）

非常感谢林崇椰教授和 Melanie 博士给了我这个机会，可以跟这些年轻的新加坡津桥协会的精英们聊一聊。在政府工作中我曾经接触到一些出自津桥协会的公务员，所以对你们杰出的知识才能我已经非常了解。今天晚上，我希望可以通过这个机会了解到你们更个性化的一面。

从本质上来说，我也是新加坡国立大学的一名校友，而且我非常引以为豪。新加坡国立大学和它的前身马来亚大学，甚至包括莱弗士初级学院，培养出了新加坡的前两任国家总理。前两届的内阁成员大多数也都是从国立大学毕业的。现在由李显龙总理领导的第三届内阁政府大部分则是在国外接受的高等教育，而且李显龙总理本身也是剑桥大学的校友。今天晚上，我非常希望大家能够思索一下这个问题：在哪里接受大学教育对一位政府工作人员来说是不是非常重要？

我今天晚上想要讲的题目是：21 世纪的新加坡精英。这里的关键词不是"精英"，而是"21 世纪"。而我要提出的观点是：一个社会如何发现、培养并利用精英人才将决定这个国家和政府的成功或失败。

哈佛大学

1963 年，我作为一名新加坡政府的公务员，被公共服务委员会选中并派往哈佛大学攻读公共管理学的硕士课程。在哈佛那两年生活中，我印象最深刻的就是系主任 Price 先生在迎新大会上的讲话。他告诉我们这些梅森公共管理学学员们，虽然在哈佛混一个毕业证并不难，但是如果你想在这么

多人当中脱颖而出却是一件非常困难的事情。

要想脱颖而出，"你们必须战胜强者中的强者"。系主任 Price 先生用这么简短的一句话让我明白了这所常春藤大学的精华所在。毫无疑问，哈佛大学是世界一流大学中的佼佼者。如今我也高兴地看到新加坡国立大学在世界大学排名中名列第 18 名。在亚洲，除了国立大学，也就只有北京大学和东京大学可以称得上是一流的学校了。

■ 柏拉图的《理想国》

接下来我想分析一下历史上曾经出现过的"精英"制度的结构。第一个例子就是柏拉图所建筑的"理想国"。在这个理想国中，男孩子从 12 岁起就离开父母，由国家来培养、教育。如果仅凭这一点，这个制度倒也与其他的制度没有太大差别。但是，这个制度最特殊的一点就是，每个小群体会推选出他们自己的领袖，然后再从这些领袖中推选出更高一级的领袖，就这样往上一级一级地建立起他们的等级制度。最终，那些最高阶层的竞争者共同推选出一位哲学家国王来统治这个国家。他就是他那个群体中最优秀的一个人。

我读大学期间看过柏拉图的《理想国》，当时完全为这种独特的逻辑思想所迷惑。如果把它和那种"每个人都可以投一票"的普选制来作比较，我们就会发现普选制的基础就是要相信每一个公民在投票的时候都可以作出同等的、理性的选择，这就需要对人民群众在信心和信任上有一个质的飞跃。但是，平心而论，你是更愿意听从于一个独裁者的统治，还是一个由人民群众所推选出来的领袖的统治呢？换句话说，你是愿意生活在民主政府选举出的国家总理的领导之下，还是生活在一个哲学家国王的领导之下呢？在没有监督和平衡的限制下，哲学家国王其实就是一个独裁者。历史上有无数这样的例子，哲学家国王最后都变成了独裁统治者。

■ 科举制度

我听说，中国历史上每个朝代的平均执政时间是 300 年左右，也就相当于连续赢得大约 60 次的全民大选。能维持这么长久的统治,他们有什么秘诀吗? 每一个开国皇帝都是通过在沙场上浴血奋战赢得政权的。但是,没有一个政权能够用武力永远征服它的人民。只有思想才能够赢得人们的心。就像基督教会那样,虽然在过去的几十个世纪里经历过无数次的迫害与压制,但是最终还是取得了胜利。

中国的统治者在很早以前就已经认识到了人才在国家治理中的重要性。《三国志》中就曾经讲述刘备"三顾茅庐"的故事。刘备三次登门拜访所显示出的诚意,终于打动了诸葛亮这个伟大的策略家,使他同意做刘备的军师。有了诸葛亮的协助,刘备在以后的战役中取得了一次又一次的胜利。

用人才治理国家的策略是在中国通过科举制度才得以制度化的。中国古代那些优秀的人才要先在乡里、省里的考试中脱颖而出,才能参加在京城举行的最高级别的殿试,殿试由皇帝亲自主持。

皇帝会将自己的女儿,也就是公主,许配给科举考试的第一名,也就是状元。这样,状元就成为皇室家族的一员。不像埃及的法老那样,中国的皇帝似乎非常了解遗传基因的重要性。所以在中国古代,同姓的人都不能结婚。中国皇室系统的基因就这样通过引入科考选拔出来的人才而不断优化、提高。

我曾经跟部长和导师一起到北京访问过多次,中国人把那些历史记录保存得非常完好。他们向我们展示了古代科举考试的试卷。最初,考试的题目都非常实际,例如,考生需要写篇短文分析如何治理考生所在省份的水灾问题等。

但是随着时间的变化,后来的考试题目都专注于论语以及诗词歌赋等,所以,中国最优秀的人才在这种机械的教育制度中变得越来越木讷,创造力逐渐衰退,一个王朝也会随之走向灭亡。

用现代管理学的术语来说,他们这种行为就是"乘坐在自动驾驶的飞机上"。但是,我们也要明白,中国的科举制度从本质上来讲就是精英管理制度。我们新加坡的"总统奖学金"制度其实跟他们没有什么差别。在我看来,最关键的问题是:如何更好地利用我们那些获得总统奖学金的优秀人才。

选拔制度

我所知道的最具活力的精英选拔制度就是中国共产党的选拔制度。新加坡国立大学东亚研究所的一份研究报告曾叙述过,中国共产党的年轻干部都要从基层做起,"为人民服务"。他们工作上的表现会由他们的领导向上级汇报。而他们的品德则是由上级人事部门派人到他的工作所在地对周围群众采取匿名交谈的形式给出评定。

通过这样的途径,共产党就可以了解那些有潜力的年轻干部在品德方面是自私的还是无私的。那些能干并且无私的年轻人就可以被提拔到更高的一个级别。这样逐层选拔,直到最后选出300名最优秀的人才管理中国政府的日常事务。

虽然这种选举的方式已经非常理性和完善,但是仍然会有一些人因为能力不够,或者隐藏的缺点被发现从而在上升的途中半途而废。但是这种不透明的制度的最大考验还在于它是否能够为中国选出最优秀、最有能力的人来管理政府。到目前为止,实际结果证明这个制度还是不错的,已经出现了一些卓越人物把中国从灾难中解救出来,领导中国走向现代化发展的广阔道路。

柏拉图"理想国"中选举哲学家国王的制度有一个缺陷。在这个制度中,最高领导人拥有绝对的最高权力。人类有一个共同的天性,那就是最高权力者肯定会努力把他的继任者塑造得跟他自己一模一样,即便是我们这些普通人也难免会有这样的想法。

柏拉图的"理想国"在推选领导人方面有一个特点,那些哲学家国王、最高领导人都不是偶然产生的,而是通过严格控制的程序,通过参考学识和品德来决定的。在这种制度下,所有人都是从最基层做起,例如当一名乡村牧师。

这种制度的另外一个特点就是被选出来的领袖是由他所在的群体成员所推选出来的。而在一个民主的普选制度下,每一个公民都有同等的权力去选择他想要的领袖。通常情况下,普选的过程会比较混乱,而结果有时也会出人意料,但是那些毫无实力的领导人最终都会被推翻。但是,必须承认,在一个民主制度下,人民可以通过选票选出他们最满意的总理来管理政府。如果这个总理不能作出令人满意的成绩,那么在下一次大选中一定会被淘汰出局。然而,对一个哲学家国王来说,无论他能力有多强、品德有多好,最终还是有可能随着年龄的增长而可能逐渐变得专制。

新加坡是一个非常年轻的国家,我们还在不断改进我们选拔精英的体制。我把精英人才划分为三类:第一类是政治和管理精英,第二类是专业和商业精英,第三类是社会和社团精英。

政治和管理精英

每一个精英团体都有自己的独特的风格。新加坡政府管理部门的人员就属于第一个类别的精英。政府对公务员的选拔主要还是根据他们的学术成绩决定的。最基本的要求是拿到新加坡国立大学、牛津大学、剑桥大学或者其他国外一流大学的一等或者二等荣誉学位。

最初那几年,我们这一批人大多数是从马来亚大学毕业的。马来亚大学为当时的马来亚联邦和新加坡培养了大量的人才。前六任的新加坡公务员首长都是从这个学校出来的。林祥源是第一位在国外读大学的新加坡公务员首长。他的上任也是一个重要的里程碑,从那时起,新产生的第三代内阁成员大部分都是在国外接受高等教育的。

这样的结果其实是新加坡人民行动党刻意营造的。自从 1959 年上台之后,出于种种原因(跟我个人毫无关系),人民行动党就开始把我们最优秀、最有潜力的人才送到国外去接受教育。

一位日本大使无法理解新加坡把所有的精英人才送到外国读书的政策。日本的精英不会到外国去读大学,他们都是在国内的东京大学或者庆应大学接受高等教育。在培养政治和管理方面的人才这一点上,我们是不是比日本懂得更多一些呢?

在英制的政府管理体系的传统下,我可以参与政治,但是不参与政党。国家和政府并不是同一个概念,他们是有区别的。政府需要牢记的一点是,他们的职责就是满足人民的愿望,而人民的愿望是通过选举体现出来的。

虽然我把政治和管理人才归属于一个类别,但是两者还是需要不同的能力和技巧。在一个民主化的国家,政治领袖需要动员社会上各个阶层的人民从而赢得他们的投票。虽然人民行动党的领导大多数都是接受英式教育的人,但是人民行动党一直都把自己定位在全体大众的基础上。国会的议员来自社会的各个阶层、不同的种族,他们讲不同的语言、从事不同的职业,教育水平和宗教信仰也大不相同。我记得在第一届的国会议员中,就有来自马来族的邮递员、华裔的木匠和理发师,还有印度裔的工会领袖。当时人民行动党的国会议员大多数都是这样的平民百姓,他们可以代表不同的群体,表达出民众的各种愿望。

随着时间的推移,1965年以后出生的第二代新加坡人接受了越来越好的教育,这时要想成为国会议员没有大学学历是不可能的了,更别说是想要当部长了。然而这样的结果给人民行动党带来新的危险,那就是知识分子管理的政府很有可能最终演变为精英主义,同时这些知识分子也丧失了实战的本能。

我们应该记住1959年人民行动党是如何推翻当时那些受旧英式教育的精英领导的激进党,夺取了政权。人民行动党内部也有左翼的一派——Barisan派,他们都非常善于实战,但是后来他们脱离了人民行动党,建立了今天的反对党。其实我们真正应该关心的问题是:人民行动党如何才能挑选出最优秀的人才,来延续他们的政权?

商业和专业人才

新加坡早期的那些商业大亨们很少接受过正规的教育,他们大都是白手起家,从无名小卒做到了百万富翁。现在我脑子里就浮现很多这样的例子:李光前,陈六使,连瀛洲,高德根,Govindasamy Pillai,颜永成,the Alkaffs等等。他们都是可以点石成金的人。

但是,如果凭借相同的品质和技能,这些人是否也可以在21世纪的竞争中取得如同他们在19世纪和20世纪那样的成功呢?我认为,我们未来的商业大亨不仅需要精明的商业头脑,还要掌握专业的技术知识。他们必须比他们的父辈接受更好的教育。

然而,教育只会把我们培养成为财富的管理者,而社会真正急缺的却是那些难得的财富创造者。我们需要思考的问题就是:政府是应该把财富的创造制度化,还是放手让它成为一种个人行为? 也许最好的答案是两者都要。在以前的一次演讲中我曾经说过,新加坡的财富管理者已经过剩,而财富的创造者却不足。你们这一代会不会有所改变呢?

■ 人才的使用

新加坡最优秀的学生都可以获得总统奖学金,到国外的一流大学学习。在我看来,这只是完成了等式左边的部分。这些学生学成归国后都会被分派到政府部门就职。除了个别违约的人,这些优秀的人才不可能进入社会的任何其他部门。所以,商业和社会的其他部门就非常缺乏优秀的人才。除了少数人可以在任何环境中施展才华,总的来说,政府部门之外的其他领域普遍缺乏有能力的领袖人物。所以,怪不得会有人说新加坡是一个不平衡的社会,有一个过于强势的政府和非常高效的管理层,但他们却是很差的财富创造者。

人才的使用对一个国家的发展来说是非常重要的。在我看来,英国这个曾经非常强大的工业帝国如今已经不能维持它的霸主地位,主要原因就是那些牛津、剑桥的优秀毕业生都进入政府工作,他们善于管理财富,但是却不是在创造财富。

■ 社团精英

社团精英是那些不以金钱和权力为目的、服务于我们的庙宇、教堂、清真寺、党派协会、志愿者慈善组织、校友协会等各种组织的人。他们都是一些心态平和、愿意为他人无私奉献的人,他们最明白什么是"善事"。最能令他们感到满足的就是看到他们服务的对象从心里而不是口中表示的感谢。

在我眼中,这些社团精英才是组成整个社会的基石。我们应该给予他们更多的鼓励。只有这样,才会有除了政府以外更多的人愿意伸出双手,帮助那些贫穷或者遭遇挫折的人。

总结

我出生于1937年,正值中日战争的前夕。我的童年时光都是在日本侵略战争中度过的,但是那时的我并不能体会到父母为了养家糊口所经历的种种困难。到1945年日本向同盟国投降了以后,英国政府就成为新加坡新的执政势力。当时由于食物短缺,英军政府采取了配额制。政府会分配给每一个家庭定额的票据,他们可以用这些票据在指定的供应商店购买大米、白糖和其他一些生活必需品。如果我没有记错的话,一直到50年代,商品供应充裕、经济可以自由运转了以后,政府才停止使用配额制。

我们那一代人大多数都是在英式学校上的学,这些学校都是政府资助的。1953年我完成高中毕业考试时,我们学校那一届最好的班里40个人当中只有5个人可以上大学。感谢上帝的眷顾,我是这5个人当中的一名。

当时只有一两个获得"女王奖学金"的最优秀的学生可以去牛津或者剑桥读书,而剩下的这些人都是在马来亚大学接受高等教育。这些接受英式教育的精英们分别在1957年和1959年成为领导马来亚和新加坡走向独立的先锋队。莱弗士中学也被认为是培养新马两国政治领袖的摇篮。

作为一个出生于战前的人,我非常羡慕那些在1965年以后出生的人,能拥有这么多的好机会。站在21世纪的起点,我热切地希望我们今天的这些年轻精英可以在新的世纪里把新加坡引领到一个新的高度。我希望看到的是:新加坡能够成为一个真正的国际化都市,对所有的人才都敞开大门,欢迎世界上最先进的科技和各种社会组织的进入。

如今的国际竞争已经从传统的以资源为基础的竞争发展为以知识为基础的竞争。什么能阻止新加坡的前进? 这是一个很值得思考的问题。我想如果我们停止了对基本原理的学习,那么新加坡就会停止前进。吴庆瑞博士曾经跟我说过:过去我们很穷的时候,犯的错误都是小错,无伤大雅,但是当我们富裕了之后，我们犯的错误就可能令自己损失惨重。

也许我的观点会遭到一些人驳斥，但是我坚持认为我们不能简单地用钱解决所有的问题。新加坡不能只靠购买名牌企业或者雇用获奖的科学家来帮助我们成功。汉胜航天公司的前总裁 Evan Erikksen 先生告诉过我，当他还是一个年轻的研究员的时候，每天早上天还没亮他就等不及跑到实验室去工作。Erikksen 先生拥有飞机发动机匀速器的专利技术，这是每一个飞机引擎中不可缺少的机械部件。如果你缺少这种激情，无论什么样的博士或更高的教育都不可能帮助你获得成功。而且，单凭能力也不可能碰撞出智慧的火花。

新加坡 21 世纪的精英们必须通过自己辛勤的汗水创造出我们的未来。打个比方来说，如果你连煎鸡蛋都不会做，那么空有一个美食家的品位又有什么用呢？我们如今的精英已经不像过去那一代需要白手起家了。过去 50 年来注重科学的教育已经为你们参与国际竞争打下了坚实的基础。但是，后面的路要靠你们自己走。新加坡没有别的选择，只能选择艰难地向前走，而且不能奢望走上捷径。

第十五章　发展中的个人权利和公众利益：新加坡的经验

——在新加坡法律职业学会第八次专家午间会谈中的演说（2007 年 1 月 31 日）

今天下午，我有幸在一个青年律师的学术集会中发言。那些在 1965 年以前出生的人可能已经听过这个阐述工程师、会计师、经济学家不同之处的故事。

故事说的是美国一个类似沃伦·巴菲特（Warren Buffet）的亿万富翁，想找一个聪明的年轻人做他的副手。他的人力资源经理经过一系列的考量之后，从公司中找到了三个候选人：一名工程师，一名会计师，一名经济学家。固执的老人先面试了工程师。老人问："1＋1 等于几？"对于一个从事定量分析的工程师而言，这个问题实在是过于简单了。"等于 2。"工程师没有任何迟疑地回答。老人清了清喉咙，把会计师叫进来，问了一个相同的问题。会计师回答："对我而言，1＋1＝11。"老人对于他的创造力留下了深刻的印象。然而，他的秘书这个时候让第三个候选人经济学家进来面试。和前两个人不同，当老人问他 1 加 1 等于多少的时候，这个经济学家反问老人："先生，您希望是多少？"如果不是因为一名保留的律师候选人认为这个题目的答案是客户秘密，经济学家就会得到这份工作。

除了经济学，我在大学里也学习哲学。有一种被称为诡辩（sophist）的希腊哲学学派，它和其他学派的最大不同之处在于一个诡辩者可能基于他的立场不同，声称黑的是白的，或者白的是黑的。由诡辩这个词产生了两个派生词汇，一个是 sophisticated，指的是精于世故的溜须拍马；另一个是 sophistry，指的是带有欺骗性质的诡辩之术。

我不知道你们法学院的老师是否告诉过你们自己职业的起源，你们可以选择两者中的任一条路,或者把它们搭配在一起。毋庸置疑,在连环卡通《李阿博纳》(Lil Abner)中,布尔茅斯(Bullmouss)将军选择了律师作为他的助手。①

这个年轻的经济学家尽管失望,但是还是有自己的长处。他最后找到了自己的位置,不是由于经济学家的职业训练,而是由于他不被条条框框束缚的思想。记住他问布尔茅斯将军的问题:"先生,您希望是多少?"最终,这个年轻人加入了新加坡行政服务机关,在那里,对于任何问题都没有绝对正确或者绝对错误的答案。

40 年的工作经验使我得出一个结论:有效的才是有意义的。但是,一个语义上的连带问题是:对谁有效,对谁有意义。回过头看,我为第一任财政部长吴庆瑞博士所做的工作中最满意的一项就是帮助起草为引进土地征用法令作准备的内阁报告。该报告阐述了实行这个法令的经济与社会原因。下面的案例分析是我今天发言的重点:个人权利和公共利益。

首先,我必须指出,公共利益从根本上一定要优先于个人权利。作为一名律师,你们可能对这种立场表示不理解——一个人的家园应该是他的堡垒,但是个人的隐私权利固然非常重要,却并不是神圣的。

如果财产权是绝对的,那么修建容纳了大约 85% 的新加坡人口的政府组屋将是不可能的。这个我们称之为家的闪耀的现代都市还只能是一片只有陋巷的沼泽地。

土地征用法令为公共建设征用私有土地提供了法律依据。该法令的最基本原则是:只有在公共目的明确的情况下,私人土地才可以被征用。在新加坡,为了比如道路、高速公路、低成本政府组屋、裕廊工业不动产、学校、医院、公园等基础设施建设,私人土地被强制征用。

这个程序是公开透明的。法律部长一定要确定诸如国家发展部的执行部门的要求是真正为了公共的目的。法律部长必须在内阁备忘录中明确说明被提议的土地征收是为了一个指定的公共目的。

内阁秘书不能在没有法律部长的支持下上交任何强制征用的计划。新

---

① Lil Abner 是一部讲述美国生活和政治的讽刺式的报刊连载漫画,Bullmouss 是其中的一个漫画人物,一个自大狂妄的实业家。

加坡内阁不可能批准类似于我刚才引用的报道中提到的粮仓用地的征用，原因非常明确，私人投资修建的粮仓是被用于获得商业利益而非公共利益。

土地征用法令作为一个非常有力的工具，如果在错误的人手中，也很容易被滥用。如果腐败的官员以国家的名义把农民赶走，并且不给其相应的补偿，然后将土地转卖给贪婪的开发商，把巨大的差价放进自己的腰包，征用将很容易堕落成掠夺。

事实上，当1949年毛泽东和他的解放军把腐败没落的国民党赶到台湾的时候，中国共产党中的理论学家立刻着手集体化整个中国，没收了大陆所有私有的土地，所有的土地都属于国家或集体。

现在，和租赁土地类似，开发商获得60年或者70年的土地使用权。私人所有的土地拥有永久使用权，例如永久地契，事实上在大部分社会中是一种特例。在新加坡，国有土地最多可以租赁99年。从新加坡1960年开始工业化以来，我们是以30年加30年的契约进行工业用地出租的，第二个30年的契约延续取决于经济发展局根据产业的不同对该工业经济增值的评估。

这是为了防止对工业用地这种稀缺商品进行投机。政府的意图是优化土地的使用，延续第二个30年的契约标准是该制造业的工作创造数量和技术水平。

土地拥有者如果想改变土地的用途，比如从工业用地变成商业用地或者居住用地，他们需要支付开发费。从这个方面来看，公共收入会从新加坡的普通土地增值中获益。

国家要为征用的土地支付费用。当新加坡政府为了公共目的获得私有土地的时候，政府要给土地所有者相应的补偿，土地要以其原始未开发的状态按照市场价值进行估价。

价格核定不考虑土地的潜在商业价值。从经济原理而言，国家要使用税收收入进行例如公路、公共设施、污水处理、铁路运输系统的基础设施建设。因此，任何由公共投资引致的土地增值应该积累到国家。个人土地所有者只拥有原始土地的价值，而不是通过公共投资引起的增值。

不过，未开发的土地每五年进行一次估价。我很高兴地说大部分新加坡的土地所有者认可土地征用中的经济原则，政府投资修建组屋和公共设施也符合他们远期的利益。新加坡的经济增长将会带来整个新加坡土地的增值,相应地支持了包括他们个人家用和商用房产在内的价值。

一个更难以解决的土地行政问题是租房者和那些违章建筑居住者的安置。他们没有自己的土地,可能只在一至三年的时期内务农,只有短期职业准证(TOLs)而没有期限上的保障。尽管对于任何一个民主选举的政府而言,简单地让这些人无家可归都是不智的。

新加坡政府给这些人一种"善意补偿"(ex-gratia compensation)。和土地所有者不同的是,这些无土地者有权接受任何形式的合法补贴。以善意为出发点,国家基于他们的固定资产,例如小屋、猪舍、果树和其他不可移动资产作为补偿的标准。

农民们也可以获得房租分配或者购买房屋的优先权。有些时候,政府也会给他们出租车执照、市场店铺,这会使这些人和他们的家庭能够拥有其他谋生的手段。让人感到极大满足的是,他们中的一些富有进取心的家庭通过种植兰花或者饲养出口的观赏鱼类取得了很大的成功。

公平地给予重新定居家庭房产和一些开展生意的资本,有益于大多数人的新城市、高速公路和其他公共设施在不以公众的不满为代价的前提下迅速发展起来。

耐心和说服的效果比起警棍好得多,新加坡在重新安置方面的经验可能对胡锦涛主席的"和谐发展"有一定的借鉴意义。

《商务时代》(2006年11月28日,24页)刊登了一篇题目为《看不见的手的经济谬误》的文章。文章是对邓肯·福利(Duncan K Foley)的新书《亚当的谬误:经济神学指南》所发表的评论。评论人彼得·斯特林福尔(Peter Sterinfels)指出,这本书既是一本经济理论的介绍,也是一本对经济理论的批评。根据这篇评论,福利认为经济学家一直在书写"神学"。历史上,经济学不但清楚地显示一个资本主义系统如何运行,还指出了人们对于这种运行的应有态度和随之而来的道德冲突。福利断言这些讨论从根本上而言是一种信念和看法,而不是事实。由此,经济学变成了一种神学,就算现在,经济学家在我们这个社会仍然是一个神学式的角色。

对我而言,从我在经济学基础课上学完亚当·斯密的《国富论》以后,这种对经济学的评说几乎算是一种异端邪说。以一种干巴巴的浮夸的风格写出的《国富论》给现代经济学打下了基础。亚当·斯密的创见性理论在于："个人利益的追求会受到市场中看不见的手引导，最终达到对整个社会有益的结果。"当每个人都寻求自己的利益时，个人利润达到最大化，国家的财富就会增长。法语中把这种现象称为"让他去"。

然而，如果我们想得更深一点，亚当·斯密理论的前半部分——"每个人都追求自己最大的利益"只是一种看法，而不是事实。从这个意义上来说，福利是正确的，经济学的确扮演了一个神学角色。诺贝尔经济学奖的得主弥尔顿·弗里德曼（Milton Friedman）在 1992 年的新加坡演讲中回答问题时说，从经济理论的角度而言，自由选择是一种绝对的权利。当被进一步追问的时候，他确认这种绝对的权利也包括毒品的使用。如果没有自由选择，个人不能追求自身利益最大化，市场就不可能有效地运行。因此，纯经济学家反对任何一种对市场功能的干预。

作为一名前国家公务员，我认为这个理论的后半部分也一样重要。我们需要考虑的问题是：个人利益最大化是否能够促成社会的最优化？如果不能的话，古典经济学家和新古典经济学家所坚信的"看不见的手"这一理论可能会让我们的观念误入歧途。

大约在两个世纪之后，另一位著名经济学家凯恩斯使这两者达到了平衡。在 1930 年大萧条时期，凯恩斯发现在成千上万的工人失业的同时，厂房、机器和其他资产也在闲置。人们并不是因为贫穷而不买东西，他们在节衣缩食的同时大量地增加了储蓄。政府和个人一样，也选择了缩减开支。那么，个人和政府的选择是正确的吗？

凯恩斯认为：国家应该通过增加公共支出来干预市场，从而达到推动经济的目的。增加工人的工资可以刺激消费者需求，经济将会回到应有的轨道上。到了 20 世纪 30 年代末，经济已经衰退至谷底，第二次世界大战爆发，为了支撑国防开支，赤字财政政策又一次加剧了通货膨胀。

在大学里学习经济学的时候，我们中的大多数人都支持自由市场经济效率。无可争议的是，亚当·斯密的看不见的手这一理论非常符合逻辑：每一个人的利益最大化行为会自然地推动社会经济。然而，这意味着每个人都可以无所顾忌、不考虑自己的行为可能对社会造成伤害吗？诺贝尔经济学奖得主弗雷德曼支持绝对的自由选择，他认为个人可以不考虑吸毒对他人或者对社会的伤害。或者，国家应该干预，让瘾君子放弃毒品。

我个人认为，在公共利益可以明确地得到更好的保障时，国家应该干预市场活动。土地征用法令使政府得以使用大量私有土地来建设大多数新加坡人可以负担的低成本住宅。没有政府的干预，满眼现代组屋的新城市就不可能成形。这违反了个人权利，但是并没有践踏个人权利；土地所有者会得到补偿，但不会以土地的全部商业价值作为考量。

这当中没有过错误吗？当然不是。但是和建立现代化的国际都市相比，这些错误不值一提。在新加坡修建地铁的时候，政府的政策是征用地铁周边一定范围内的所有私人土地，这样这些小片的土地可以被统一管理，以便全面开发。

这个意愿是良好的，但是这种征用是为了明确的公共利益吗？我们是不是可以不去干预，而让自由市场经济发挥作用，达到全面开发的目的？如果这一政策的依据是挤出公共设施投资的潜在价值泡沫，那么事实上开发费用已经征收了。

在这类战略决策上，比起匆忙进入角色的新加坡土地管理局，私人资本和专家意见可能更有发言权。私人开发的驳船码头和重新装修的整齐得近乎贫瘠的牛车水形成了鲜明的对比。当然，私人部门不是成功商业开发的保障，老巴刹再开发就是一个失败的例子。

在土地稀缺的新加坡，私人资产的整体再开发出售条例是另一个创新的立法部分。最初的时候，法律规定社区内每栋公寓的主人都必须在集体出售前明确表示同意，但是其中个别公寓主可能会为了私人原因不同意出售他们的资产。问题是，这一小部分人是否有权阻止其他人卖掉他们坐落在喧闹的市场边上的老公寓？从更高的层次上考量，在类似于地铁的公共设施投资中，经济增值是否被遗漏了？

作为一名新加坡人，我非常高兴地发现定价中的看不见的手通常发挥了它应有的作用。在整体再开发成功后，公共收入会从更高的发展强度中获益，这样个人和公共利益都得到了满足。

在经济领域，多数派和少数派的利益斗争是不必要的。公平透明的定价能够满足双方的需要，在更多的情况下，可以产生双赢局面。但是，对于种族、语言和宗教事务来说，这是不可能的。

新加坡是一个多民族、多语言、多宗教的国家。当我们看到那些比我们更大、更古老的国家被种族、语言、宗教暴乱撕裂的时候，我们一定要承认我们的政府在立法中建立总统委员会以保护少数群体权利的英明之处。这个由首席法官带领的委员会检查所有的国会议案，保证在其中没有任何对少数群体的歧视，然后委员会才会建议总统同意该议案，并且进行立法。

1990年，国会颁布了宗教共存法案，从而保证个人宗教信仰不得侵犯他人宗教信仰。多数派和少数派要相互尊重对方的信仰。由于种族、语言和宗教是一种感性的存在，我非常高兴我们的国家已经为日常的行为设立了基本的准则。政治的稳定是发展和增长的基础，没有和平和稳定，社会将不再完整。

凯恩斯在其著作的卷首提醒他的读者：即使是最英明的政治家，也有可能成为一些无用的世俗哲学家的奴隶。经济学家们最喜欢形容自己是世俗哲学家。希尔布鲁纳（Heilbroner）教授的《世俗哲学家》是对这种深沉科学的最好介绍。他对那些伟大的经济学家，例如亚斯·斯密、李嘉图、马尔瑟斯、马克思、马歇尔、凯恩斯的思想的解释，很容易令读者沉浸其中。我把这本书介绍给你们，我的发言很快就会被遗忘，希尔布鲁纳的却会一直在你们耳边回响。

我对个人权利这个问题的结论非常简单：公共利益将会最终得到满足，而社会将决定什么才是公共利益。听起来像是一个循环式的推理，这并不是说国家不可以允许多数派压制少数派。在一个像新加坡这样的多种族国家里，多数派一定要肩负领导的重担。

第十六章　历史的转折点

　　每个国家,不论是新加坡这样的城邦小国,还是中国这样的大陆巨人,都会在其发展的关键时期遭遇历史转折点,并引发政治和经济的纵深变化。

　　1965 年 8 月 9 日是新加坡的转折点。这一天新加坡被逐出马来西亚联邦。此前两年,即 1963 年,新加坡、沙巴和沙捞越一起与马来亚联邦合并,组成马来西亚联邦。新加坡曾希望藉此机会成为大团体的一员,从而提高经济生存潜力。事实上,新加坡加入马来西亚的这两年是令人沮丧的两年。

　　在一个像我这样的年轻公务员看来,很早以前,吉隆坡的联邦政府就不让新加坡进入马来西亚的广大市场。我记得一件令人吃惊的事情:健力士啤酒公司曾经支付首期付款,要在裕廊工业园建造一座酿酒厂,但在其董事长拜访吉隆坡的联邦部长之后,他们立即改变了主意。因为如果在新加坡建酿酒厂的话,他们的啤酒就得不到进口免税待遇,所以,健力士被迫将酿酒厂项目转移到了吉隆坡郊区八打灵再也。

　　在 20 世纪 60 年代,直到决定命运的新加坡独立的 1965 年 8 月 9 日,我们采取的是进口替代增长的策略。在这段时间,和其他发展中国家一样,我们实行幼稚工业保护,对进口消费品课以重税,以便民族工业能有充足时间成长。既然是幼稚工业,就应该保护他们免受成熟的进口产品的冲击。因此,我们对牙膏、服装、饮料、食糖以及整个日用品工业实行重税保护。事实上,进口替代政策让发展中国家走进政策死胡同。甚至全面保护国内市场都不足以提高国内生产效率。

从马来西亚分离出来以后，马来西亚共同市场的前景幻灭。内阁资政李光耀严正指出，1965 到 1970 年是新加坡在"没有腹地的情况下求生"的年代（"没有腹地的情况下求生"是《李光耀回忆录》的一个章节的名称）。我们不得不一切从头来过。

进口关税原本是用来创建一个马来西亚共同市场的，但却在一夜之间分崩离析。经济发展局曾给商人市场保护的承诺，并指导商人投资轻工业，如袜子、香波等等，现在商人们不知所措。小小的新加坡猛然被投入全球竞争的洪流。甚至我们最好的朋友也为我们担心：没有经济腹地的新加坡能生存下去吗？

祸不单行，又一个致命打击接踵而至。1968 年，英国人发现"帝国"重负不堪承受，英国工党政府决定将英军撤出新加坡。这样，2.5 万个受雇于英军基地的新加坡工匠、职员、厨师和佣人就失业了。

我们的经济顾问温斯敏博士告诉李光耀先生，如果没有马来西亚共同市场的支持，又失去印尼的贸易机会，到 1966 年底，新加坡的失业率将会超过 14%。如果一个城市的失业率达到如此之高，那将会如临深渊。

没有经济腹地支持，我们（在经济发展政策上）没有太多的选择。1961 年，温斯敏博士率领的联合国工业调查组在新加坡考察，联合国联络官员及秘书唐义方先生建议新加坡从进口替代政策转向出口导向策略。我们不得不在世界范围内寻找经济空间。尽管我们并不承认，但是环境的压力已经迫使我们拥抱这个现在的经济学家们所称之的全球化经济。内阁资政说我们必须跳出邻里观念，服务于更广阔的世界。

如何才能达到目标呢？我们必须与美国、欧洲、日本等发达国家和地区紧密合作。我们寻求他们的大工厂、银行以及他们的运输公司。这些着眼于跨国公司的密集投资促进尝试获得成功，很大程度上应归功于曾经担任过经济发展局主席的唐义方和曾振木的艰巨努力。

为了吸引先进的跨国公司、企业家、工程师和经理人员来到新加坡并创建他们的事业，李先生和他的同仁们做了大量工作，建立起世界一流的公共及人身安全设施、医疗保健设施、教育机构、通信设施、交通运输设施、文化及休闲服务设施。

到 70 年代中期,新加坡已经实现了充分就业,失业率甚至下降到比 2006 年的 2.5％还低。我们的成就远不只如此。60 年代和 70 年代,新加坡是唯一一个欢迎外国投资者的发展中国家。

当时,亚洲的两大巨人——中国和印度信奉自力更生,即任何事都要从无到有自己建设。他们对外资充满疑虑。

今天,所有国家都欢迎外资技术和资金投资。印度和中国吸引了制造业的大部分外商投资。成功取决于好的政治管理。你的政府好不好是一个关键问题。如果新加坡继续保持高水准的政府管理,并保持一个第一世界的政府机构,新加坡会持续繁荣下去。

1965 年 8 月 9 日新加坡从马来西亚分离出来是一个决定命运的转折点。我们成为一个独立自主的、必须在没有经济腹地的情况下生存的国家。但是我们失去的自由,我们重新创造了出来。我们从不向后看。今天的新加坡政治稳定、体制民主、经济发达,人民受教育的程度越来越高。

中国

在最近 60 年的历史中,中国的历史转折点是什么? 在我看来,中国的历史转折点在"文化大革命"之后的 1978 年。

邓小平不是教条主义者。1978 年,他宣布他的同志们应该以实践作为检验真理的标准。邓小平是一个实用主义者,但他并不是没有原则。

我的第一次中国之行是在 1976 年,正好在毛泽东去世前夕。有一天,我们一行坐在红旗车里,正好路过一条繁华的大街。我看到一个小贩从一辆小推车里卖饮料,像我童年时在新加坡看到的那样。我问陪同的中国干部,这个小饮料摊是不是社会主义中国的一个私有企业的范例? 他说不是这样,如果要买饮料,顾客必须先要给小贩一份糖票,然后才能支付现金买饮料。

那位干部解释说,在像当时的中国那样的一个计划经济中,像米、糖、盐那样的日常生活必需品都是集中生产的。为了确保每个人都能得到供应,国家需要发行配额购物券。我忘了问他价格是否也在管制之下。我相信是的。计划经济是不会准许自由交换或贸易的。

在 70 年代早期对中国的访问中,我对主要城市如广州、上海甚至北京的印象是一个单调统一的世界。城市街道上的每一个人都穿着或黑或蓝或灰色的衣服。我问我的干部导游为什么会这样。他解释说,在一个计划经济的思维定式里,生产这三种基本颜色的衣服更能显示效率。这也是很好的平等主义政治。

如果要生产颜色复杂的花布以满足个人品味的话,国有纺织工厂会发现那是一场噩梦。国营企业怎么知道群众喜欢的是什么颜色呢? 他们的工作只是生产以同样价格销售的定额布料罢了。在计划经济中,因为根本没有价格信号的说法,所以也无法知晓价格信息。制造者只需达到定量目标就行了。最理想的方案就是生产黑色、蓝色或灰色布料。

1978 年,邓小平在南巡广东和其他南方省份时,宣布中国对外开放。

70 年代早期一个中国干部在新加坡监造一个升降式海上钻油台的项目时,由于经常听到我的一个经济发展局的同事夸赞新加坡自由港的好处,他变得不耐烦起来。他反驳道,如果自由港的窗口总是开着,苍蝇也会飞进来。

虽然对此我没有找到准确的文字考证,但是我相信,在决定中国实行对外开放的时候,邓小平告诉他的国人开放将会伴随政治风险。当人群变得越来越富有,并接受更高的教育之后,他们一定也会要求更多的思想自由和选择生活方式的自由。

那么一个国家将怎样在平等和同情的基础上实现经济增长和繁荣呢? 我将会围绕这些问题以及在中国成为世界第三大经济体的时候将会遇到的其他问题展开讨论。

■ 向世界开放的思维

在近 30 年(1978—2006)的时间里,中国从一个僵化的第三世界的计划性经济体转型为世界第三大经济增长引擎,这在世界经济史上是个前所未有的成就。而且中国还将继续保持增长。在没有研究助理的情况下,我自已设计了一个非常简单的指数来追踪各国经济增长的轨道。我阅读了《海峡时报》《亚洲华尔街日报》《国际先驱论坛报》以及《商业时报》。随着时日增进，我的中国剪报越来越多。

新加坡报业控股的编辑们告诉我，《联合早报》在中国拥有最多的在线读者，原因仅仅是《联合早报》比中国的报纸报道更多的国际新闻。这告诉了我们关于企业成长的什么道理呢？

我们可从这个事实认识到的真理是，为了国家的成长和成熟，我们必须拥有一个开放的头脑。在历史上，中华文明将自己视为世界的中心，世界上再没有其他国家值得中国学习。

清王朝是被一些西方炮船击败的。中国跌倒在一些西方国家的霸权下。而日本，也长期侵略并占据东北和华北大部。

毛泽东的伟大之处在于他统一了中国大陆，在一场疲乏的内战中击败了衰弱的国民党。邓小平的伟大成就则在于他让中国人的思维对外开放，让中国人在事实中寻找真理，不受僵硬的教条和说教限制。

通过开放同胞的思维，邓先生解放了他们内在的冒险精神和巨大能量。前进的速度和步伐如此惊人，以至于世界的其他国家都已经开始对中国的经济能量感到害怕。美国人拥有今天世界的霸权，他们不会让步，也不会接受世界上除美国之外还有其他超级大国存在。在这一点上，中国必须非常努力以让世界认识到，中国会成为一个与世界为善的力量。也许，全世界过高估计了中国的内在力量。我说的内在力量，是什么意思呢？

内在力量

我的意思，内在力量作为经济学的名词是说长期的自我持续发展。如果没有太过头的话，自力更生是一个好德行。在我们 1976 年对中国进行国务访问时，我记得很清楚，新加坡代表团曾经参观上海的一家船厂和北京大学的计算机实验室。在船厂的时候，船厂总经理自豪地向我们展示正在码头上建造的一艘货船。他说，这艘船的每个部件，小到最小的那颗铆钉，都是中国制造的。

我的思绪回到了若干年前在波音飞机公司参观的场景。当时波音总裁告诉我,他们正在为新加坡航空公司建造的波音 707 飞机的每一部件,包括普惠引擎,都是由外面的供应商生产的。波音的附加值在于设计、整合、装配以及销售飞机。考验在于购买飞机的航空公司是否由于飞行波音飞机而能赚取到利润。这是不是很商业化?

在中国的计划经济体制下,上海造船厂生产的货船是以成本基础销售的。这就是它能够在不论规模多么不经济不划算的情况下还能坚持自己制造每一部件的原因。同样,中国的国有铁路也必须排队等待国有火车头制造公司制造出新火车来。

如果没有其他选择,自力更生是一个优良德行。在我们参观完北京大学计算机研究实验室后,这个德行被我们这些新加坡访问者们如获至宝地捧回来了。1976 年,美国人和他们的西方联盟者对敌人,亦即苏联和中国实行战略禁运。IBM 不能自由向中国销售电脑主机。因此,在俄国人之后,中国人也被迫要自己开发主机。北京大学研究开发的主机体积有一间小教室那么大。而今天,中国人已经可以和美国人、俄国人、日本人竞争研发高速计算机,以致 Cray 计算机已经不再是超级计算机的王牌了。

这告诉了我们有关中国能力的什么呢? 很简单,当被逼迫而上时,中国人有足够的智能可以和全世界最好的对手竞争。但具有讽刺意味的是,对中国的武器禁运可能对中国产生相反效果,使中国成为美国在全世界的一个战略竞争者。

在我看来,中国应该克制住自己的雄心壮志。中国领导人应该不会没有意识到苏联——美国的宿敌,因为和美国进行"星球大战"武器竞赛而被拖垮了。

第十七章　中国的心脏

　　新加坡采取全面防御的政策。全面防御是比仅仅军事防御更宽的概念。我们相信全面防御的基础是强大的经济。我们也必须有心理准备和社会凝聚力。然而,问题的关键在于建立一个具有深度和规模的强大经济。我们的经济脆弱点在于新加坡是一个城邦小国,除了与整个世界保持联系、持续发展经济之外,我们别无选择。新加坡必须出口,否则就会灭亡。

　　另一方面,中国是一个大陆国家。今天,尽管中国的出口商品席卷全世界,经济成长的关键动力还必须来自内部。外部需求,就我看来,不太可能超过国内生产总值的10％。中国的心脏是她幅员辽阔的内陆农村腹地。上海、北京、广州和其他主要城市是火花塞,但长期自我持续成长只能在广阔内陆农村生产力提高之后才能出现。

■ 经济发展的阶段

　　几个世纪以来,由于传统的原因,父亲的农场只能在几个儿子之间平分。农村土地的拥有权变得高度破碎。发展经济学家们将穷国广阔农村的农场形容为邮票尺寸。农民仅仅在土地中得到稍微超过温饱水平的日子。

　　如果没有像美国和澳大利亚那样的农场规模,是不可能拥有规模经济的。在美国、澳大利亚、阿根廷、加拿大的农场上,小麦种植和牛群饲养都是现代化的大生意。印度和中国的农民则年复一年地在负债中艰难度日。

　　哥伦比亚大学的沃尔特·罗斯托教授写过一本书,提到经济成长中的三个阶段,那是我 20 世纪 50 年代末期在大学念本科时读到的。他写道,在几乎所有国家,经济成长都要从农业开始。他指出,除非农民能够在他自己的基本需求之外生产出多余的食物,否则他们不会对村里手艺人的产品有需求。换句话说,除非农业生产有剩余,否则他们不会对镇里的资源有需求。同样,除非手艺人手头有盈余,否则他们不会对城里提供的服务有需求。除非人们口袋里有钱,否则他们不会对餐馆、剧院或者医生、理发师的服务有需求。

因此,对中国来说,如果要有自身持续成长,就必须从农村开始。中国、印度和印度尼西亚都是人口密度超高的地方。土地不能提供生存所必需的全部食物。因为农场都是邮票尺寸,所以不管是种植大米还是小麦、蔬菜、棉花、水果,或是养殖牲畜、养鱼,在农业上都不可能有规模经济。

■ 公社

在指令经济下,由于主张人人平等,中国政府建立了公社,个体农场被集合成为集体的事业。规模经济有了可能。但是,公社将个人积极性都抽走了。这背后的意识形态解释是集体经济新人将会无私地工作,将自己劳动的果实和邻居们共同分享。"吃大锅饭"削弱了个体的积极性和创业精神。公社制度最后蜕化成共同分享痛苦,而不是共同分享繁荣。

在人类最近的历史上,只有一个成功的公社组织模式,那就是以色列的基布茨集体农业屯垦制度。这个制度是在犹太人经过若干世纪的流放生活之后,回到祖居地的时候,犹太先驱们成功建设而成的。现代以色列的建国元老们有一种强烈的救世使命感,他们要夺回自己的家园,要让耶路撒冷成为他们生活的中心。犹太人相信他们的弥赛亚有一天会得胜回来,拯救他们免受外人欺压。

虽然我们不能笼统地说中国人是无神主义者,但中国人从整体上来说是非常现实的。他们更关心的是赚钱养家、教育孩子。公社制度失败的原因是中国人从本性上来说并不相信救世主。由于同样的原因,"文化大革命"也失败了。它是一场经济灾难、社会灾难。用一个有头脑的干部的话来说,"文革"导致了整整一代学生的迷失。

■ 知识世界

2006 年的世界是一个知识世界。中国政府必须加快步伐教育年轻的一代。农村地区的学费已经或减或免。如我在本章开头所说的,农村是中国的腹地。经济重组必须从这里开始。

在农业上,规模经济必须与调动个人积极性同行。农业不像制造业,个体农夫是自己耕作的。在制造业的生产线上,工人是作为一个团队的一分子来工作的,个人的产品仅仅是最后产品的一个部分。那么,我们怎样才能让传统农业耕作变得更规模化呢?

如果农业生产要超出仅仅供生存所需的范畴,它就必须既要有规模化经营,又要有个人积极性。农业耕作必须像企业那样来组织。企业,不像个体农夫只埋首于他自己的那一小块土地,企业是可以享受规模经济效益的。抛弃邮票尺寸的农田,农场企业是可以组织成规模经济的。100 公顷的农场在销售自己出产的农产品时,在购买肥料、包装袋,在研究怎样才能有更好的根苗培植、储存和运输时,是会有更多谈判优势的。

最重要的是,这个规模将大到足以抗衡国内市场上的农产品价格猛跌的风险,而在更宽广的国外市场上销售。如果遇到好天气,市场上会出现大批同样的农产品,价格下降。如果天气不好,比如遇到干旱,市场上农产品的供应又会短缺,价格会上涨,但却没有产品出售。无论是哪种情况,农民都会发现逃脱不掉困境。

一个合乎逻辑的解决办法是大规模商业农场方式。然而,进入企业阶段,又会出现付出和回报之间的断层危险。从前,不论农田怎么小,农民都认为自己是主人,而在农场企业,他可能将自己仅仅看作是公社的一个成员,只是一个大车轮里面的一个小轮齿。既然公社的每个成员都从同一口铁锅里吃饭,那他就没有任何原因必须要比他的邻居工作得更刻苦。这种共同的人性最终占了上风。其结果不是每个人共享繁荣,而是每个人共担痛苦。那么有没有一个既能推动规模化又能调动个人积极性的商业模式呢?

▮ 新加坡模式

是的,有。有一家新加坡公司复发中记集团公司(FHTK)就成功创建了一种商业模式,这种商业模式能将规模化和个人积极性结合起来。复发中记在山东省经营一片 100 到 500 公顷的果园。山东的气候适合种植温带水果,例如苹果、桔子、梨、柿子、樱桃和葡萄等。

这家公司是新加坡企业家余大中先生创办的。他是从在街边用小推车卖切片水果起家的。复发中记今天是新马两地的一家大型水果批发商。

在复发中记位于中国的巨大果园里,企业组织到亚洲和西方市场的水果营销、采购、包装和运输。实际上,富士苹果、葡萄、鸭梨等是个体农户们在 2 到 3 公顷的地里种植的。在种植季节开始的时候,复发中记以商定的价格承诺采购产出的 90%。农民们可以自由决定将余下的 10% 拿到当地市场销售。

复发中记为个体农户提供肥料,提供通过种植技术研发培养出来的优良根苗,以及中央冷库里更好的水果包装和储存条件。

最关键的是,复发中记通过巨大的市场营销网络销售个体农户的产出。为了确保个体农户尽他最大的努力,承包合同是定期更新的。如果农户的生产能力达不到水果生产要求,他的园地就会被取消,转而分配给其他能够种得更好的农户。

▮ 消化农业剩余劳动力

将小面积的农田整合成大规模企业,使商业资本和专业技术管理成为可能。机械化、更好的种子、新的根苗技术、灌溉网络以及病虫害防治大大提高了农业生产力。在纯粹生存所需之外,产业也能生产剩余谷物来满足其他人的需要了。

农民的积蓄使他们对镇上手艺人的产品有了需要。总体来说,农业生产力的提高会使农业劳动力的需求降低。农民和他们的家人会发现自己不必再辛苦耕作。但由于受耕地少的限制,农业规模化并不容易实现。

而另一些具有创业精神的农民可以饲养牲畜、家禽、鱼,或种植水果,但其他一些农民既无资金又无技术,他们会发现自己变得多余。这就是封闭型经济模式的严酷现实。

然而,随着中国加入世贸,所有经济体都已开放并且进入全球自由竞争了。新加坡不像中国,新加坡没有农业腹地来吸收失业的或者未充分就业的人群。我们没有其他选择,只能重新进入资金需求很少的轻工业。此外,我们提供便宜而勤奋的劳动力。日本、美国、欧洲和中国香港公司在新加坡建立轻工业工厂生产服装、鞋子、假发、玩具,组装收音机和电视机。这些轻工业为我们的年轻人提供就业机会。

70 年代早期,新加坡的失业率从 10％下降到 3％。80 年代早期,"跳槽"或劳动力频繁流动的现象成为令国民经济管理者们头痛的一个问题,我就是一个频繁变动工作的活生生的例子。这个问题和 60 年代早期的严重失业现象比起来,是一个潜在的巨大问题。

第十八章　石油与经济稳定

　　石油和供应安全是两个不同的命题。"二战"后出现的石油危机促成了石油输出国组织——欧佩克（OPEC）的成立。在大的石油公司如壳牌（Shell）和埃克森（EXXON）公司的敦促下，新加坡政府在1980年成立了新加坡国家石油公司来负责储备原油。他们担心万一发生危机，新加坡政府可能会挪用他们所储备的燃油，而这些燃油是用来供给我们的发电站的。他们建议我们应购买三个月原油储备，他们能够为我们精炼，然后为我们周转。我们接受了他们的建议，以便维持我们作为国际炼油中心的中立地位。

　　我们购买了10万吨原油，储存在我们港口的旧油轮里。当原油必须周转的时候，我们把第一批油以高过采购价的价格卖给国际石油交易商。然后填补第二批原油。几个月以后当我们卖掉第二批原油的时候，油价降到了我们买进第一批油时的价格，我们没赚没赔。

　　尽管在第一批和最后一批石油贸易中都没有赔钱，我们还是认识到无法预测变化莫测的石油市场。我和壳牌（Shell）公司董事长谈到我们的困境，他告诉我，如果我们支付市场价格，新加坡的石油公司能够保证为公共事业局供应燃料油。如果发生世界性的石油短缺，我们得和公共事业局的所有客户一样共同承担损失。

　　在这种情况下，世界上几乎没有真正发生石油短缺的时候。我们也在公用事业局的供油合同中规定供应商必须在储油罐中储存至少三个月的石油。石油公司将把运费算进基本价格。基本价格会在三个月内随着原油价格或升或降。

中国海洋石油总公司（CNOOC）

中国海洋石油总公司（CNOOC）企图购买加利福尼亚联合石油公司（UNOCOL）现有资产以提高中国石油品质，其实没有必要。那些反对中国的人抓住这个机会挑拨离间，让中国、美国和日本之间敌对战略竞争关系升级。

他们不相信中国宣称的"和平崛起"。美国人知道苏联不是因为军事技术落后而垮台的，苏联是在国防开支负担过大的压力下垮掉的。我相信美国人对"台独"的支持也是一个战略，企图挖中国墙根，强迫中国将本来就稀少的资源转移到在经济上毫无用处，但是在战略上至关紧要的保持"一个中国"上来。

在战略上，中国应该将战争前线思维转移到石油供应商业思维。中国可以用自己持有的巨大美元储备在没有钱但石油资源丰富的非洲国家，或其他国家，提供资本和技术支持，勘探开发他们的石油资源，作为石油贸易合作伙伴共同分担风险享受利润。

这对发展中国家和中国将是个双赢自保的局面。目前，石油"七姐妹"（世界七大石油公司）只向较穷的能增加而非降低他们对石油收入依赖性的石油国家支付石油开采费。一旦石油采完，这些国家就会回到原来的落后状态。

稍微清醒一些的石油国家，例如文莱，现在已经开始寻找可持续发展的战略。中国有巨大的人才储备，将能在穷国的经济和社会发展中扮演重要角色。不像19世纪的西方殖民国家，中国是能真正带来全球变化的和平使者。

美国人不应该，而且很可能不会拒绝中国成为他们在世界和平进程中的重要合作伙伴。美国人民将会看到和中国、印度、巴西、墨西哥和平竞争的智慧，而不是背上世界警察的重担。成为世界唯一的超级大国可能让一些美国人国家自豪感高涨，但是这个冠冕太沉重了。历史已经教导我们，甚至于像罗马帝国那样的强大帝国也会崛起和消失。

和中国比起来，新加坡这个小经济体能够经常依赖市场来保证石油供应。然而，石油只是一种中间产品，真正的安全来自我们的经济和劳动力的生产力。

石油作为生产过程的中间产品，不论是中国这样的巨大经济体还是新加坡这样的城邦经济体，在为石油定价的时候，都必须以市场定价为准。这是一个基本的经济规律，甚至富有的石油生产国如沙特阿拉伯、印度尼西亚或马来西亚，在他们的国内市场上都需要以国际市场价格为原油标价。

如果补贴国内市场零售商品，不同的市场间就会出现价格差别，边境上就会出现某些产品，如煤油或汽油的走私。

例如，新加坡驾车人经常在他们自马来西亚回家的途中加油，因为长堤另一边的新山（柔佛巴鲁）汽油比新加坡便宜。马来西亚财政部在补贴新加坡驾车人。具有讽刺意味的是，新加坡海关实行四分之三油箱规定，要求新加坡驾车人前往新山时要将油箱装满到四分之三，这样可以防止新加坡的汽油税流到马来西亚。这真是自找苦吃。

经济学中的供求原理也适用于中国这样的巨大经济体，中国原油在中国境内也不得不以国际市场的价格标价。这样，和较发达国家石油开采和石油生产公司比起来，中国的采煤工人也将得到不错的工资。毕竟，煤炭是石油之外的一个重要能源，也应该正确标价。

只要中国经济能为进口石油生产足够大的附加值，国际市场就能为中国保证足够的石油供应。

世界媒体上危言耸听的各大标题都说中国将会用完全世界的石油供应，这完全是误导。

第十九章　就业和成长

我年轻时曾担任经济发展局的官员，当时我对解决新加坡高失业率的问题非常绝望。在1960年，新加坡的失业率高达10％。然而，当我想到中国和印度有数以百万计的人失业或未充分就业时，我又平静下来。很明显，和这两个亚洲大国里城市中成群的失业人员和乡村中的未充分就业人员比起来，新加坡30万的失业人员不是什么大问题。

新加坡当时的唯一目标是达到充分就业。让每个找工作的人都能找到工作。我们的梦想在我们敢于期待之前就成真了。到70年代中期，失业率降到3％以下，统计人员还把正在换工作的摩擦性失业人员包括在内。

今天，新加坡面临着结构性失业问题。有一些工作提供，但是那些找工作的人却缺乏能达到这些工作要求的技能。他们既没有相关培训，也没有相关技能。世界贸易也许在扩张，但是年纪大的劳动力的失业率却持续而顽固地居高不下。中年管理人员受结构性失业的冲击最大。

拥有十亿人口规模的那些大国也拥有深广的人才智力资源，他们现在将狮城在制造业上的外国直接投资吸引走了。很快，信息产业与软件、在线教育服务和医疗卫生服务的投资也会被带走。

这并不奇怪。来自美国、欧洲和日本的世界最大的汽车公司现在一拥而上进入印度、中国和巴西，利用这些国家便宜的高技能劳动力建立他们技术先进的工厂。即使每年人口中只有1％的家庭成为中产阶级，汽车和家居市场仍然会有大幅度增长。

但是像我说过的那样，中国和印度真正可持续的成长将在他们的农业部门生产力提高之后才能到来。

■ 尊重和恐惧

中国的国内生产总值高速增长。很快，印度也会。在过去的十年中，两国既受到世界最大的两个经济体——美国和日本，以及其他国家的尊重，也让他们感到恐惧。所有的国防战略家都知道强大的经济将带来强大的国防。苏联在空间武器竞赛中输给美国，并不仅仅是因为技术落后，而且还由于死板的中央计划经济造成的经济滞后。戈尔巴乔夫先生被美国人说动，在开放苏联国有企业参与国际竞争之前开放了政治，即在经济开放前进行政治开放。邓小平先生则先开放经济。当他 1985 年接待新加坡代表团的时候，他的志向是到 2000 年为止，将中国发展成为一个万亿美元的经济体。邓先生释放了中国人民的内在创业意识和动力。中国的世界级的工业已经在成型之中。

然而，中国领导人必须谨记，他们的国家是从一个很低的基础起步的。20 世纪 80 年代，人均国内生产总值还不到 500 美元。今天，大城市的人均国民收入已经轻易达到 5000 美元。

另一方面，当收入增长时，人们，尤其是知识分子，就会开始关注现有的政治秩序。这是每个成功的政府都不得不面临的一个尴尬处境。新加坡政府也不例外。

■ 收入不均衡

基尼系数是用来计算社会最富裕和最贫穷阶层的收入差别的一个统计方式。收入差别越大，社会就越可能产生不稳定和骚乱。在我看来，更重要的是家庭收入的绝对数目。在新加坡，月入 1500 新币的家庭可算是贫穷的，可能仅仅能糊口。

许多我这一代的新加坡人来自贫穷家庭，我们是吃过许多苦才拥有今天拥有的一切。然而，幸运的是，教育机会是向每个人敞开的。学费低廉，我们能在自身智力的基础上进行竞争。现在的竞争是建立在知识基础上的,平等的教育机会是维持社会公平的关键。

今天,中国和印度都达到了高国内生产总值,这是由于他们拥有大量的人才资源,而这些人在以前的中央控制的计划经济时代是未充分就业的。由于这两个国家的教育机构的宽度和深度,中国和印度在现今的全球化知识竞争中已经拔得头筹。然而,劳动生产力只是竞争的一个要素。全要素生产力才是最终的竞争平台。

全要素生产力取决于在土地、劳动和资金的整合、协作和合作中管理人员的知识和经验能产生的最大生产力。从这方面来说,美国人、日本人和西欧人仍然走在中国和印度的前面。

第二十章　收入不均和经济成长

最近几个月来,西方媒体有许多评论含沙射影地指出城乡收入不均、人才和普通人收入不均将会导致中国社会混乱、经济崩溃。这些想当然的批评家们还一本正经地搬出基尼系数。然而,该系数只不过是一个衡量最高和最低户收入水平差距的统计方法而已。

作为一个经济学家,我持完全相反的观点。在知识经济的世界里,收入差距是技能差别的结果。例如,六星级饭店的厨师当然比食阁中心的小贩摊主赚得多。即使是在同样的行业里,比如医疗卫生行业,能做更复杂手术的技术更熟练的外科医生当然也能比他的一般同事赚得更多。因此,收入不均不应为工作表现拖后腿,而应促进更好表现。

让成长和进步停滞的是不公平的社会或市场制度。很悲哀,在许多民主的,因此也被认为是自由企业制度的经济体中,政府规则制定者和老谋深算的生意人合作起来或暗中侵吞国家资产或垄断生意,剥削国内大众消费品市场的利润。

我所知道的最臭名昭著的一个例子是,一家印度公司得到在印度制造电动滑板车的独家执照。在这个执照制度下,印度顾客必须提前预订,然后等待几年才能买到电动滑板车。这几乎相当于是在印钞票。

当中国从国营企业制度转向自由私营企业制度的时候,必须避免在社会主义平等性的伪装下出现像印度官僚那样的执照制度。无论如何,在世贸组织规则下的全球竞争中,政治特权的庇护不再能保证商业上的成功。

社会公平

世界银行首席经济学家弗朗索瓦·布吉尼翁曾经指出："公平不等于平等。公平的意思是机会平等，而机会是使人们可能产生某种层次的收入，达到某种层次的生活的因素。在一个公平的社会里，无论是接受教育、获得信用贷款，还是找工作、参与公共辩论，不管出生在哪个国家，父母有没有钱，父母有没有社会地位，无论什么性别、人种、出身、民族、社会阶级，每个人都有同样的机会追求他们自己选择的生活方式。"

布吉尼翁接着说："在一个公平的社会里，收入分配、教育程度、财富和其他资产都因每个人的努力、承受风险的愿望以及处理信息方式的不同而具有典型的不平等性。这样的收入的不平等不仅是可以接受的，而且还经常被认为具有促进和刺激作用。""不可接受的是由于缺少机会和歧视所造成的不平等。"

布吉尼翁说，有两种主要原因说明为什么公平对经济成长有好处。首先，缺少机会伤害积极性，剥夺社会某些成员的智力和努力。其次，因为资源分配公平的社会能有更公平的政治安排，大部分国民，而不是少数精英，能够直接或间接参与公共决策。拥有更公平政治制度的社会会有更好的经济组织，例如，能更好地保护个人和财产权利，有更好的法制、更少的腐败，因此，也能保证更快的经济成长。

社会公平必须先从个人开始。有一句中国谚语说："授人以鱼，不如授人以渔。"因此，现代国家的责任是让个人接受教育，让他拥有技能，能根据他的能力或者态度被雇用或从事工作。

资本主义和社会主义

除开意识形态的色彩，无论蓝还是红，红还是蓝，资本主义和社会主义实际上是一个事物的两个方面。资本主义强调的是关于生产、资源最大化、报酬合理分配，社会主义强调的是关于收入分配、劳动成果共享。关键的不同或多或少在于,是"按需分配",还是"按劳分配"。

■ 教育机会平等

如智慧的中国谚语所说,我们要授人以渔,而不是授人以鱼,不管他有多饥饿。尽管新加坡最近才开始采取强制初级教育,传统上,每个孩子到了6 岁都要上学。

我们的小学每天有两个时段,早上一班,下午一班,这样能保证每个孩子都有学可上。中学毕业之后,理工学院或者大学教育,只要学生达到录取学业标准就可以上。那些不大擅长学术的可以在工业培训学校获得技能培训。

■ 按照能力工作

就业机会对每个人都是开放的。一个人被录用,纯粹是由于自身的能力,而不是因为家庭背景、种族、社会或政治关系。工资是由市场决定的。新加坡没有最低工资政策。我们没有什么石油或者其他自然资源财产能让我们在全球竞争面前有个缓冲。

尽管资本主义和社会主义是人类生存状态的两方面,在这两极中间总有一个创造性的压力。你注意到了吗?卡尔·马克思将他的著作命名为《资本论》,他剖析了 19 世纪资本主义泛滥的现象,志在将它埋葬。

今天,资本主义和社会主义之争出现一个多世纪之后,我们仍然看到自由企业制度经济中,在最富的和最穷的人之间仍然有巨大的鸿沟。同时,我们观察到一些社会主义国家共享贫穷。

这两种局面都不好。如果走到极端会带来政治不稳定、叛变甚至内战。在新加坡从 1945 年以来达到自治之后的半个多世纪时间中,新加坡能够达到经济繁荣,并能保持社会稳定,每 5 年进行一次自由民主选举。你也许要问我们是如何做到的?

我们战略的基石是为每个人提供他的能力所能达到的最高教育。就业机会对每个人都是开放的。进入一个行业或职业唯一依靠的就是自身能力。

与中国学员对话录

问：新加坡的人均国民收入高，但它的收入差距其实非常大。我们了解到新加坡总理的年薪将近 200 万新元，但我们也接触到一些低收入的人，包括计程车司机等。我们上车后都不用跟司机们提什么，没过五分钟，他们都会开始抱怨新加坡政府，说自己挣得太少，一个月不到 2000 新元，还要养活家人包括太太和孩子。我想知道政府如何保持和谐？是不是认为收入差距公正？新加坡中产阶级的比例是多少？新加坡政府如何调节精英制度？

答：新加坡的人均国民收入确实是高，①但收入最低的 10％人家只能勉强糊口。让我先阐明我的经济立场，那就是我认为贫富差距不是太重要，更重要的是能否提高穷人的收入。作为一个社会，穷人不能牵绊着较能干的人，我相信当有才干的人向前去时，他们也会扶助穷人。在新加坡，当富有的人更富有的时候，穷人也比以往好过，关键是绝对的水平。1959 年，家庭月入大约是 400 新元，今天它可能是这个数目的 10 倍。② 即使考虑到通货膨胀率，实际的家庭收入也增加了大约 3000 新元。在今天的新加坡，月入在 2000 新元和以下的人，其生活确实艰难，但这是个结构性的问题，是新加坡经济急速重组的结果。40 岁以上的人所受的教育与我们的孩子今天所接受的完全不同，许多人因此不能胜任于要求高技能的工作岗位。这是政府在约 20 年前就应该开始处理的问题。

我们在 20 世纪 70 年代末和 80 年代初通过政府主导的全国工资理事会建议提高工资时，就业机会过剩、人们频频跳槽。当时的想法是告诉雇主给员工更高的工资。该政策与分析其实犯了两个错误：除非工人的技能提高，我们不能强迫雇主提高工资，也就是说我们必须先提高雇员的技能才能加薪。更糟糕的是，虽然我们的劳工队伍已经是供不应求，而我们必须雇用外

---

① 根据《2002/03 年家庭开支调查报告》，2003 年的平均人均月入是 1457 新元。
② 《2002/03 年家庭开支调查报告》显示，2003 年的平均家庭月入是 4870 新元。

来劳工,但我们还把税务强加在他们身上。在一定的程度上,我们这么做是保护低技能的工友,缓和外国人对他们所造成的威胁。

除非政府已做好暂时不雇用外国劳工的准备,否则工资的提高必须与技能挂钩。新加坡现在之所以受煎熬是因为我们在通过施加劳工税和其他政策强行提高工资的时候,我们的劳工成本已经超越了市场所能够负荷的。很多公司与跨国企业都把制造基地搬到中国和印度等地方。环球经济以知识为本,我们必须学习如何在知识型的环球经济中竞争,但即使是知识,其成本也不可以太高。

我相信今天的中国无需面对同样的问题,尽管我了解到中国主要城市也面临劳工紧缩的问题。中国政府必须鼓励在深圳和上海设厂者搬到内陆的省份去。我大约两年前到中国去时,发现一名植物学的博士薪金不过是600新元。在新加坡,没有任何一名博士会愿意这么做。新加坡不再能够在低技能、低风险的领域中竞争,我们竭尽所能要在高技能、高风险的领域里与其他人一较高低。我们的经济挑战就是如何以高知识、低成本与他人竞争。我们最初有竞争的能力是因为我们拥有很多便宜的非熟练劳工,但今天没有人要雇用这些劳工。中国正处于增长的开端,人力资源丰富,但我想约20年后中国就会面对我们现在所面对的问题。

我们在重新培训工人,但这恐怕有个限度。我们必须学习处理政治方面的问题。我们的税务结构是累进的,只有最顶尖的5%～10%的人得缴纳所得税。另一个问题是我们的家庭单位越来越小。过去,每四五个人奉养一个长者,很快地就会由更少人来奉养一个老人。[①] 我认为这个问题是诸如中国等国家所即将面对的,特别是当生育率下降的时候。任何一个社会都必须学习应付贫富差距的问题。受过良好教育者的专业人士应该检讨自己的生活方式。我的一名印尼籍商人朋友告诉我,印尼的华人很富有,其他人则很穷。他说最好的政策是闷声发大财。

---

① 2030年,每五个新加坡人当中就会有一个的年龄至少65岁;预料由三个工作的成人来奉养一个长者(www.
mcys. gov. sg)。

第二十一章　浮动汇率

　　过去几十年间世界贸易组织（WTO）的出现对于新加坡是一个很唐突的提醒。加入世界贸易组织对劳动力剩余、人才丰富的国家，例如中国、印度、巴西，以及前东欧国家来说，会使世界经济发生巨大变化。新加坡是全世界唯一一个向来坚持对外开放的国家（从 1965 年以后），当然现在所有的世贸组织成员国都不得不对全球竞争打开大门。现在国际市场已经越来越平等，所有的国家都必须或多或少地在平等基础上参与竞争。

　　对于新加坡来说，和中国一样，我们也必须在世界市场上以不高于或低于邻国的价格出售我们的货物和服务。我们的社会和经济必须每时每刻依照世界变化加以调整。我们从自己过去 40 多年的发展经验中学到的教训是，无论做什么，我们都是价格接受者。全球经济为各个国家的劳动、技能、知识设定了价格，新加坡最没有资本反其道而行之，中国也一样。

　　新加坡曾经试图通过全国工资理事会为新加坡人的劳动制定价格，从而将重组的进度推迟了将近 20 年。现在我们又不得不挣扎着克服结构性的失业。经济体的重组需要的不仅是灵活的工资制度，还有汇率。

　　中国正开始采取新闻记者们所称的浮动汇率。浮动汇率制度会出现由对冲基金引起的疯狂的短期汇率动荡，它实质上是一种无休止的、不断改变每个国家在世界市场上的货物和服务价格的体制，主要由美元控制和主导。

▊ 全球竞争

　　1965 年 8 月 9 日，当新加坡从马来西亚分离出来的时候，我们被一下抛进现在众所周知的全球化竞争的汪洋大海。新加坡不得不在所有产品和服务的生产和交易上，在国际范围内和其他国家竞争。新加坡元的汇率反映了新加坡每天和世界其他国家进行的贸易和服务的收支平衡。

我们在财务上持负责和诚实的态度。国家预算经常能保持平衡。我们在消费上不会超出我们的生产价值。如同一个家庭那样，我们量入为出。预算超支在我们的经济词汇里根本找不到。作为一个小小的城邦国家，一个小小的开放经济，我们不能向人借钱，因为没人会接济我们任何钱财。

新加坡不像美国，不能靠发行数以万亿的财政债券来支持预算超支。由于新加坡政局安稳、货币稳定，所以吸引了制造业的、高科技的、运输和物流的、财务和金融业的跨国公司前来建立工厂和企业。新加坡元不会吸引短期基金投机者的眼光。新加坡股票交易市场的投机行为无法长命，资金潮刚涌进，马上就会退出。新加坡是一个小小的脆弱的经济体，除了节俭度日、按照预算循规蹈矩之外，别无选择。

我们必须记住，这个世界没有人会为新加坡人多付超过任何其他国家同行一分钱。新加坡人不得不像他的印度同行、中国同行或世界上任何其他同行一样富有生产力。

1985年，我们偏离了这条狭窄的正道，准许工资高过生产力，高估了新加坡元的价值。我们几乎立刻受到惩罚。一个短期而剧烈的经济衰退接踵而至。当时我们将公积金缴交率削减16%来降低工资成本。在我们吞下这服苦药两年之后，新加坡经济重回正轨。

中国从新加坡的经验里应该学习到什么教训？尽管中国是一个幅员辽阔的大陆式国家，拥有巨大的国内市场潜力，可在我看来，只有实现了农业现代化，中国才能获得自身经济持续成长。美国、加拿大、澳大利亚、巴西和阿根廷都经过了一个多世纪的时间实现农业现代化，提高农业部门谷物种植或牲畜饲养生产力，以至今天只有2%左右的人口还在从事农业生产。这些国家都是大规模、世界级的小麦和牛肉出口国。

在我看来，提高农业生产力对中国的长期经济成长至关重要。生产力的提高将解放大批劳动力，他们将到城镇受雇于轻工业，然后，当技能和教育提高之后，又将受雇于需要更高层次技术和知识的产业。

汽车工业就是这样一个正在崛起的产业。我相信,不久之后,中国在汽车制造、船舶制造、飞机制造和精密机械制造方面将会与美国、日本、西欧,也许还有印度并驾齐驱。

工业生产,比如制造业,比农业生产更加规模化。由于新加坡没有土地,在经济发展的最初 20 年里,我们不得不发展轻工业,让我们的年轻人在其中就业。

轻工业迅速地吸收了我们的劳动力,以至在 70 年代中期,我们实现了经济学家们所称的全面就业。只要中国能保持工资竞争力、拥有现代化的基础设施,全面就业的目标就不是遥不可及的梦想。新加坡做到的,中国也可以做到。但是世界不是一成不变的,会有其他更贫困国家的人民愿意接受更低工资,他们将抢走我们的低技能工作,就像我们早年也曾从更发达的国家抢走这些工作一样。在一个全球化竞争的世界里,技能和知识才是最重要的。

与中国学员对话录

问:我的问题与人民币升值有关。您觉得美国对人民币升值的要求是否符合客观规律?人民币上升会不会出现当时日元上升时所面对的问题?

答:多数国家相信人民币将升值,但中国为什么得调整其货币来满足贸易伙伴而从中变得更没有效率呢?中国必须确定如果货币上涨,生产力是否能得以维持。只有生产力更高时,才能提高汇率。日本和美国等希望中国能失衡,而调整汇率是其中一个做法。问题是由谁来承担被低估的货币?答案应该是中国人,因为到处都是中国游客。全民就业时,工资须上调,但当货币上涨时,货品价格较高而经济失去竞争力。1985 年,新加坡就因为同时调高工资和货币而导致经济衰退,因此失去了市场占有率。我们通过削减公积金缴交率,也就是调低工资成本来自救。我们能允许工资或货币上升,而不是让两者都上调。美国强迫日本调高日元汇率,日本经济自此就没能稳健增长。美国最大的武器是其庞大的市场,但如果中国所生产的产品品质优良,美国得购买它们。美国也常告诉新加坡我们的储蓄过高,美国不久后也会这么告诉中国,但世界各地的大型购物商场上的顾客是谁？不就是中国人嘛。

问：中国是个劳工密集的地方,美国和欧盟最近对自中国进口的纺织品等设限。请您谈谈您对中国如何面对和解决这个问题的见解。

答：我想,有关限制是依量计算的,中国必须把目标锁定在制造更高品质的产品。如果他们将进口的成衣配额削减成原来的三分之一,但每件的价格是原来的三倍,那你们就有盈利了。你们应该仿效日本的做法,在其他不受限制的国家进行生产。我身上穿着的鳄鱼牌衬衫,肯定是中国制造的,价钱大概是 13 至 14 新元。如果我让裁缝为我量身定做一件更适合正式场合穿的衬衫,价格会是 100 新元。我告诉裁缝,即使这里的人工成本是中国的三倍,衬衫的价格也不至于是 100 新元。他告诉我布料在法国和意大利制造,非常昂贵。对我而言,两者没什么分别,我不觉得中国不能投入类似的生产。

美国是个民主社会,每位国会议员或参议员每四五年就得参与竞选,让人民投票。如果他们保不住一个工业,他们就会失去工作,因此他们会强迫美国政府增加关税和设限。中国可雇用美国人进行游说活动。美国最终必须向生产力最高、成本最低的国家购买产品。这么看来,美国人是比较开放的。我刚阅读到中国把国产车出口到美国去的讯息。日本就不会允许你这么做。假以时日,中国也会在美国进行生产,正如日本丰田汽车在美国设厂一样。

新加坡只能参与游戏,我们必须遵照东道主的游戏规则。中国却不同,它可参与具战略性的游戏。即便是最近调整人民币的事件,我不认为美国能从中获取太大的利益,因为货币的价值取决于一个国家的生产力。中国和新加坡的做法一样,把货币与一揽子其他国家的货币挂钩。这其实跟之前把货币与美元挂钩的做法没太大的不同,因为你们 60% 的贸易以美元进行结算。不过,这么做可让中国更灵活。如果美元币值下降,人民币的跌幅就会比美元的跌幅还低。

第二十二章 哪里可能出错？

今天中国的经济由于国内生产总值爆炸性地增长，已经处于高速发展状态。在经济发展历史中，很少有国家能够年复一年地以 10％ 的速度增长。新加坡在 20 世纪 70 年代中期和 80 年代中期也曾经历 10％ 的国内生产总值增长率。由于当时我们是极少几个欢迎外资的发展中国家，跨国公司在新加坡设立了工厂，雇用我们相对低廉的技术劳动力为他们生产出口产品。

这些外国公司引进先进技术和管理方式，提高了新加坡工人的生产力。更重要的是他们带来了出口市场。除了纺织品以外，在新加坡制造的出口品没有吸引西方国家的注意力，而西方国家正在遭遇失败，因为它们争不过发展中国家的低成本产品。新加坡实在太小，不足以出现在它们的雷达屏幕上。

中国经济却以很大目标出现在第一世界经济体的雷达屏幕上。不仅在经济上，而且在政治竞争上，它都不可避免地吸引了美国、日本和欧洲的注意。

然而，中国不能沾沾自喜。如同我先前指出的那样，中国现在的经济高增长率很大程度上是由于大量的技术劳动力资源在过去指令性经济下的国营企业中没有得到充分就业而在现在释放出来的。在过去的经济体制下，需求是由中央计划人员决定，而不是由市场决定的。

幸运的是，中国经济开放的同时，世界经济也正在自由化宽松发展之中。西方发达国家出于他们自身经济利益的考虑，准许中国加入世界贸易组织。尽管还不具备全部自由市场经济的地位，但今天的中国已经能够在平等条件下和世界其他国家竞争了。

经济的高增长率必然带来工资增长。在我们的高峰增长时期,1975 到 1985 年,新加坡通过国家工资理事会采取了我们希望能成为一项制度的有序工资增长办法。我们低估了劳动力市场的动力。由于在工资增长上加了顶,我们创造了"跳槽"的现象。

当劳动力的需求在强制的工资水平上远远超过供应时,工人就能从一份工作跳向另一份工作,并不害怕失业。为了经济平稳运行而出现的劳动力流动现在变得过多。每个月的劳动力流动率可高达 20%,以致一个公司的员工在不到一年的时间里能完全换新。在这种高流动性的局面下,雇主没有办法刺激员工进行培训以提升劳动技能。

生产力也下降了。而同时新加坡元已经被准许升值。这真是个灾难配方。很快灾难就来了。1985 年,新加坡遭遇了第一次经济衰退。我们决定为雇主将中央公积金缴交率削减 16%。相应地,总体工资成本降低了 16%。在 18 个月内,新加坡经济重回正常轨道。我们重新获得了增长动力。

■ 货币投机还是操纵:事实还是想象

最近几个月中,美国国会不断向财政部长施加压力,让其宣布中国是一个操纵它的货币的经济体。这是事实还是无中生有? 事实是,众多对冲基金群起来投机的话,足以将国家货币价格下拉。乔治·索罗斯先生已经在英国经济恶化、英国财政部试图保卫英镑时,对英镑这样做过。

当货币交易商对特定货币买进或卖出长短头寸时,在浮动汇率体制下,货币投机是经常现象。当汇率受打击时,美元的需求和供应将像任何其他货物——无论是石油还是小麦那样——被清仓。

区别在于货币只是经济体的健康和竞争力的代表。当美国消费多于收入时,或进口多过出口时,美元的供应将远远超过需求。这时美元的价格或汇率必然下跌。

更糟糕的是美国政府年复一年地制定巨大的财政预算赤字,它必须通过发行美国国库券从市场借款以支付账单。当美国债务累积起来,美元的阈值点很快就会达到。如同大坝崩溃一样,美元崩溃之后也会重新设定一个更低的汇率。对这一点,中国或其他任何债权方无能为力。这时就会出现一个为了储值而进行的抢购金子或石油储备的狂潮。金子和石油价格将持续提高,直到美元价格以一个新的低汇率稳定下来。这时美元又在新的汇率点重新开始扮演它的价值保存角色。

人民币汇率正由于客观反映了中国经济的竞争能力才是今天的点数。只要中国保持竞争力,人民币就会相对美元和其他货币升值。但是中国能够永远保持竞争力吗?

新闻报道中有报告声称,在中国的大城市里,已经出现技术劳动力短缺。轻工制造业将很快升级,由于对技术劳动力需求增加,工资也会随着上升,首先是在大的中心城市,然后是各个省城。

新加坡能够在仅仅20年的发展期间就达到充分就业的目标。中国可能需要更长时间,但是也很快就会达到了。如果技术层次不升级的话,现在的新加坡,以及不久之后的中国,将发现自己与更贫穷和更饥饿的国家相比,在低端工作市场变得毫无竞争力。

中国人民银行,中国的中央银行,可能有一天会发现自己在吃力地管理一个逐渐虚弱下去的人民币,而不是像现在这样可以轻而易举地调整人民币升值。中央银行将不得不做好两手准备。事情的性质就是这样。当新加坡工资成本上升、工作技能迟滞不变时,新加坡金融管理局就面临一个新加坡元汇率隐蔽性下跌的挑战。

面对这种挑战,可以做的最好的准备工作是政府平衡年度预算。无论是在新加坡这样的小经济体,还是在中国这样的大经济体,都应当避免预算中出现赤字。稳定的货币是吸引外国投资者的最好基石。

■ 规模的重担越小越好?

尽管新加坡的人均国内生产总值目前达到2.5万美元,新加坡的整体国内生产总值在全球的海洋中可能只是沧海一粟。新加坡经济扩张或收缩根本就引不起一点微小的波澜。

30年前,中国是一个建立在农业基础上的指令性经济。公平地说,中国在很大程度上是一个自给自足的经济体，中国被拒绝进入广阔的世界市场，而且，更重要的，被拒绝学习先进技术。

今天，中国已经完完全全是世界经济的一分子了。1978 年以来几乎从零开始，中国已经成长为世界第三大经济体，位于日本和美国之后。但是这只是就规模来说，而不是在技术或者管理层面。不过，中国的成长是和世界其他地区紧密相关的。亚洲发展中国家，例如东盟国家，包括新加坡在内，都认为中国是全球经济增长的引擎。另一方面，日本、西欧和美国将中国看作是一个合作伙伴以及竞争对手，甚至是一个战略威胁。

西方和日本工业家知道如果中国的人均收入增长 5 倍，到达 5000 美元，那么，中国就会是一个 60 万亿美元的经济体，会为汽车、住房、教育、医疗以及旅游休闲服务提供一个巨大的消费市场。中国将会真正成为一个世界经济增长的引擎，繁荣的中国将会成为世界的一个好的力量。

作为世界的三大或四大经济体之一，中国将会为全世界的国内生产总值（GDP）贡献 5% 或更多一些。相应地，中国将会消费或使用大约 5% 的世界自然资源。最重要的资源将是石油。当经济成长时，中国将会越来越多地使用世界的石油储备。石油的安全供应已经是中国的一个头号关切问题。那么，中国如何确保为经济发展提供稳定的石油供应呢？

首先，也是最重要的，是中国必须保持货币即人民币稳定。因为石油是以美元标价的，所以人民币不得不跟着美元走，不得不跟着美元上浮或下调。因为美元是国际货币，所有出口都以美元标价。如果人民币兑美元升值，中国出口商品的价格就必须上升，这样就会相对其他国家的出口，例如印度的出口失去竞争力。如果认为经济体仅仅由于货币升值就能支付得起更高价格购买石油，那是自欺欺人。这只是海市蜃楼。因为货币被高估，出口商品就卖不出去。

我个人对这点非常失望，甚至于理性的新加坡也相信采取强硬的货币姿态能控制通货膨胀。中国应该抵制住美国要中国升值货币的压力，否则中国向美国的出口就会减少。而货币如果升值，随之而来的是，中国并不会就能买得更多。中国只需要购买她没有的技术，例如波音飞机或者微软软件。

其次,中国可以通过在石油资源丰富但是资金缺乏的国家,例如中亚或者非洲国家,建立合资企业,甚至是与西方石油巨头一起探索开发新的采油地区,来保证石油的安全供应。

只要石油还被认为是商品,而不是被好战的政府控制来作为战略武器,市场就能通过自由标价保证其供应。能够最有效地运用能源的国家总是能得到石油的。能够为石油增加最大价值的经济体总是能付得起钱买能源的。

同时,大国如日本、中国、印度和巴西将会探索可替代型能源,例如核能、风能、潮汐能和水电。华中地区的三峡大坝就是中国寻找能源自给的一个杰出范例。中国不必在意那些想当然的批评家的看法。三峡水电站和灌溉项目是中国在历史上自从长城、大运河以来的第三个伟大的建设项目,是历史上最大的内河水利工程。

总之,石油的安全供应正是中国经济发展中最需要关注的一个问题。

第二十三章　中国的发展是可持续的吗？

　　中国经济的年均增长率超过了 10%。如此高速的增长，其原因在于：（1）计划经济向市场经济转换释放了巨大能量；（2）国有企业当中训练有素却又没有被充分利用的大量人力资源转移到私有部门特别是跨国企业后创造了巨大财富。这两个因素就是中国经济快速增长的动力来源，特别是短时期内，其功效更是明显，推动中国经济像百米冲刺一样飞速向前。新加坡也曾有过相似的经历。从 20 世纪 70 年代末期到 80 年代中期，新加坡的经济年均增长率也达到过 10%，而后才回落到 5%～6%。回落的主要原因是生产率的增长速度放缓以及新加坡元当时被高估。

　　中国持续性发展的瓶颈与挑战在于资金或资本的错误配置。中国目前的高储蓄率和低利率使得国有银行更加愿意贷款给高端房地产开发商。习惯了几十年酸涩生活的中国人民，对高水准住房的渴望与需求事实上还在某种程度上被压抑着。贷款给这样的房产商无疑是要将这种需求引虎出笼，而且营造一种渴求一日暴富的社会心态。这样的发展模式将毫无长期利益可言，也无法持续性地增长。

　　持续性增长只能由不断提高的消费品内需水平来维系，其中包括基本适用住房的需求。具体到中国来说，持续增长的过程必须从提高农业生产率开始。

　　要持续性发展，银行就应该贷款给农业部门的中小企业，促进小农经济向大规模的集约性农业发展过渡，就像美国、澳大利亚、巴西甚至是印度的大型农业企业那样。农业不应该还仅仅被看作口粮的生产部门，它更应该被看作一种能够创造大量财富来激励农民的商业部门。

农业的生产力提高了，农村的劳动力就会流向农村中的小型企业，这些企业将最终成为向中国制造业和跨国企业提供产品配件的生产者和供给者。农村产业的多样化是抵御国际经济和国际贸易起伏不定的最好的防震器。

因为小，这些农村企业充满了活力和灵活性。日本、韩国、台湾的发展经验更加说明了这种优势。这些"亚洲龙"的产业威力就在于它们制造业中的各种中小型企业。其中一些甚至还发展成为世界级的有竞争力的大企业。

当下是中国步入世界经济和国际贸易最好不过的时机了。在一个世界贸易组织主导的知识型的全球经济中，中国有潜力成为世界发展、和平和繁荣的引擎。要达到如此的全球领导地位，中国必须保持政治稳定、保持对外开放、保持对世界的友善。

凭借庞大的人口和取之不竭的人才资源，中国完全有能力帮助众多不发达的小国来发展它们的经济和社会，其中包含一些石油矿产极为丰富的国家——这正是中国可以帮助来开发和利用的地方。

这些石油资源丰富却没有足够人力资源的国家，比起中国和新加坡来，其实更需要可持续性的发展。他们深知，一旦石油被开采殆尽，他们就要回到沙漠或热带丛林的原始状态。

最终，中国这一乐观的可持续发展前景还取决于能否避免陷入台湾战争的陷阱。中国要运用软力量而不是硬实力来和美国竞争。和日本的竞争其实也要如此。

事实是，只有美国才有发展"大规模杀伤性武器"的技术和财力。苏联就傻乎乎地在"星球大战"上和美国展开军备竞赛，结果它输了。

我相信中国在这场争取全世界各国的友谊和支持的竞赛中能够笑在最后。不过这不是通过战争，而是通过经济增长所带来的和平来实现的。从这个意义来讲，可持续性发展对于中国经济、社会和民族来说，都是至关重要的。如何来实现这一目标？其充满奥妙玄机的方略就有赖于中国人的大智大慧来创造了。

作者鸣谢

　　本书的出版和许多单位与个人的努力是分不开的。南洋理工大学公共管理硕士项目为本书的翻译提供了资助。陈抗教授负责编选和校阅书稿，并且为本书作序。何惜薇、俞雷、匡小玲、丁玎和苏诤先后参加了部分章节的翻译工作。新加坡报业控股的萧作鸣先生以及汤姆森学习出版集团（亚洲）的陈锦煌和秦铭汉先生对本书的出版给予了大力支持。杨立平及出版社其他同事为本书提供了编辑工作。Susan Long，Melanie Chew 和 Sonny Yap 允许本书使用他们的访谈录。新加坡报业控股、新加坡外交部、东方海皇轮船公司和南洋理工大学允许本书使用档案照片。在此，我谨表示衷心的感谢。